I0079627

... EN GUEULE

REVUE EN TROIS ACTES

ET QUINZE TABLEAUX

DE

...RVILLE & W. BUSN...

PARIS

...SSE, ÉDITEUR

8°Z
LE SENNE
13.2.8?

FORTE EN GUEULE

REVUE EN TROIS ACTES

ET QUINZE TABLEAUX

Représentée pour la première fois, à Paris, sur le théâtre
du CHATEAU-D'EAU, le 22 décembre 1873.

Cluny.—Impr. P. Dupont, rue du Bac d'Asnières, 12. (48, 1-4.

FORTE EN GUEULE

REVUE EN TROIS ACTES

ET QUINZE TABLEAUX

DE

MM. CLAIRVILLE. & W. BUSNACH

PARIS

TRESSE, ÉDITEUR

GALERIE DE CHARTRES, 10 ET 11

PALAIS-ROYAL

1874

Tous droits réservés.

40

8° Z le Senne 13.287

PERSONNAGES.

MADAME ANGOT	MM. DAILLY.
LEGRINCHEUX	
DELMONICO	GOBIN.
LAGORILLE	
MILLY	
MONTAIGLIN	DUMOULIN.
LE CHEF DE DIVISION	
LAMBROS	VASSOR.
DEUXIÈME MONSIEUR	
LE GARDIEN DU CHALET	MONDET.
DEUXIÈME COCHER	
LANGLUMÉ	GERMAIN
CHRISTINE	
MONGUIGNON	LINGUET.
BARNUM	
VADÉ	PAULY.
LUSTUCRU	
PREMIER MONSIEUR	PLOTON.
GOBEMOUCHE	
GÉROME	
UN INDUSTRIEL	FEBVRE.
MAURICE	
UN LION	
LA VEUVE DU MALABAR	GALLÉ.
LE BEAU-FRÈRE	
ROBERT PRADEL	
CADET	ARMAND.
UN COMMISSIONNAIRE	

UN PASSANT.	
ARTHUR.	GILLY.
MONSIEUR ALPHONSE	
UN GARÇON DE CAFÉ.	
UN DOMESTIQUE.	PEFFER.
UN GANDIN	
UN INVITÉ.	GRIGNON.
CASTAGNOL.	OULIF.
UN GARÇON D'AUBERGE.	
LE POLÉMARQUE.	EMILE.
DEUXIÈME INVITÉ.	FRANÇOIS.
TROISIÈME INVITÉ.	DEBIÈRE.
BOBICHETTE.	
GACHETTE.	MMes TASSILLY.
LODOISKA.	
LE GÉNIE DE L'AVENIR	
LA COMTESSE D'ESCARBAGNAS .	
LE SALON.	G. ROSE.
OSCAR.	
JEANNE	
BETZY.	J. DARCOURT.
QUATRIÈME MUSICIENNE.	
PICHENETTE.	
RAYMONDE.	BERNIER.
DEUXIÈME MUSICIENNE	
L'ÉCAILLÈRE.	
PREMIÈRE AGNÈS	LORENTZ.
TROISIÈME MUSICIENNE	
SIMONNE.	
MADAME GUICHARD.	IRMA.
PREMIÈRE MUSICIENNE.	
JAVOTTE	
PURÉE-CRÉCY.	JENNY.
CINQUIÈME MUSICIENNE	

TOINON	
POUDRE-DE-RIZ	MM^{es} BONNET.
SIXIÈME MUSICIENNE	
PLAISIR-DES-YEUX	
LA TULIPPE	BRÉGH.
SEPTIÈME MUSICIENNE.	
MADELEINE	
FLEUR-DE-PÉCHÉ	
PALMYRE	G. VÉRAN.
DEUXIÈME AGNÈS.	
HUITIÈME MUSICIENNE.	
NEUVIÈME MUSICIENNE	HORTENSE.
TROISIÈME AGNÈS.	
UNE BONNE	VERPEAU.
DIXIÈME MUSICIENNE	HÉLOÏSE.
AMARANTHE.	LA PETITE BERTHE.

FORTE EN GUEULE

ACTE PREMIER

PREMIER TABLEAU

La Halle en 1773.

SCÈNE PREMIÈRE

GÉROME, CADET, SIMONNE, JAVOTTE, TOINON, MADE-
LEINE, MARCHANDS, MARCHANDES, CHALANDS DES DEUX
SEXES, PORTEURS, ETC.

AIR : *La mère Camus.*

Accourez,   accourez, }
Accourons, accourons } tre tous.
  A la halle.
  On se régale
Accourez,   accourez, } tre tous.
Accourons, accourons }
  On se régale } chez nous.
  Pour se régaler }

SIMONNE, parlé.

Hareng ! qui glace ! qui glace !

JAVOTTE.

La raie toute en vie !...

TOINON.

A la barque !... à la barque !...

MADELEINE.

Il arrive !... il arrive !...

SIMONNE, à une dame.

Eh ben, v'nez donc me voir, mon bijou, c'est bon marché comme tout et c'est frais comme vous. (Quand la dame est
passée.) Eh ! va donc, sans l'sou.

REPRISE DU CHŒUR.

(Après le chœur, reprise des cris.)

UN MONSIEUR, à la mère Simonne.

Est-il frais, votre merlan ?

SIMONNE.

S'il est frais ? frais comme votre épouse.

LE MONSIEUR.

Diable !... (Il flaire le poisson.) C'est donc ça que je le trouve
avancé.

SIMONNE, reprenant le poisson.

Avancé, il est avancé ce poisson-là ?

LE MONSIEUR.

Oui... y m'semble.

SIMONNE, le souffletant avec le poisson.

Tiens, qu'en dis-tu maintenant ?

LE MONSIEUR.

Madame... (Tout le monde rit).

SIMONNE.

Eh va donc, espèce de melon on t'en donnera du poisson
qui sente bon en c'te saison ! Mais voyez donc, c' t' échappé

de Charenton. Est-c' que tu crois qu'ça s' pêche à Meudon, cornichon? (Le monsieur, qui pendant ce temps fait de vains efforts pour répondre, finit par sortir en poussant un Oh! d'indignation. — Tout le monde rit.)

GÉROME.

Voilà la mère Simonne qui commence.

CADET.

Oui, et en v'là pour toute la journée.

VOIX dans la coulisse.

Et flon, flon, flon, la rira dondaine.
Et gai, gai, gai, la rira dondé.

JAVOTTE.

Qu'est-c' qui nous arrive?

TOINON.

Faut-y le d'mander... on chante, c'est M. Vadé.

MADELEINE.

Le poëte de la halle.

JAVOTTE.

Eh! oui, vraiment. c'est lui-même.

SCÈNE II

Les Mêmes, VADÉ.

VADÉ.

AIR: *Et gai, gai, gai.*

Et flon, flon, flon, la rira dondaine.
Et gai, gai, gai, la rira dondé.

TOUS.

Et flon, flon, flon..., etc.
  Etc.

VADÉ.

Ce n'est qu'à cette place
Que mon cœur est content,
La halle est mon Parnasse,

Et j'y monte en chantant.
Flon, flon, flon...
Etc.

TOUS.

Et flon, flon, flon,
Etc.

VADÉ.

Pour chanter vos annales,
Vers vous je suis guidé.
Pas de Vadé sans halle,
De halle sans Vadé.
Et flon, flon, flon, la rira dondaine.
Et gai, gai, gai, la rira dondé.

TOUS.

Et flon flon flon...

SIMONNE

Ah ! c'monsieur Vadé, quel boute-en-train !

JAVOTTE.

Il chante dès l'matin.

VADÉ.

Et le soir aussi, et à midi et toute la nuit... Boire, aimer, chanter, je ne connais que ça. (Il prend la taille de Toinon.)

TOINON.

Du tout, vous ne connaissez pas ça, et on n'y touche pas, à ça.

VADÉ.

Pardon, du moment que c'est du fruit défendu...

TOINON.

Défendu et bien défendu.

VADÉ.

Vous ne l'auriez pas perdu, attendu que je vous l'aurai rendu.

TOINON.

Turlututu.

VADÉ, *regardant à gauche.*

Tiens, madame Angot n'est pas à sa place.

SIMONNE.

La mère Angot. Ah ! ben oui...

AIR: *Mon père était pot.*

Jadis elle n'en bougeait pas.
 Mais depuis qu'elle est riche,
Elle vous fait des embarras,
 Que rien n'est plus godiche.
  Elle a d'si grands airs
  Et des yeux si fiers,
  Si noble est sa dégaine,
   Qu'ici de planton,
   Vendant son poisson,
  On dirait une reine.
A sa place en se dandinant
 Ell' minaude et s'tortille,
Se bichonne et frétille tant
 Qu'on dirait une anguille.
  Quand de beaux garçons
  Lorgnent ses poissons,
Ell'se pâme comme une truite ;
  A tous ses chalands
  Ell'fait des yeux blancs
Comme une carpe frite.

REPRISE ENSEMBLE.

MADELEINE.

C'est vrai tout de même, que c' n'est plus du tout la même femme.

TOINON.

On dirait qu'elle a un coup d'marteau.

JAVOTTE.

Ce qui ne l'empêche pas d'avoir le cœur sur la main.

CADET.

Et la main très-leste malgré ça.

GÉROME.

Oh! pour ce qui est de la vivacité, elle ne mesure pas plus ses gestes que ses paroles.

VADÉ.

Eh bien, mais, et le père Angot, qu'est-ce qu'il dit de tout ça?

SIMONNE.

Ce qu'il dit, le pauvre cher homme? D'abord il ne dit rien, attendu qu'il est en voyage pour le quart d'heure, et que même ce n'est que depuis son départ que son épouse a des lubies.

VADÉ.

AIR : *Vive le vin de Ramponneau.*

C'est naturel, et la plupart
Des femmes que l'on quitte
Profitent vite
Du départ
D'un mari qui pour quelque part
Part.

Quand les maris
Sont partis,
Les femmes à Paris
Deviennent infidèles.
On a déjà
Du mal à
Pouvoir éviter ça
Quand on reste près d'elles.
De ce qu'une femme rêva
Le diable a connaissance
Et d'avance
Depuis Eva
Il sait où l'époux qui s'en va
Va.

Lorsqu'aujourd'hui,
Réjoui,
Seul et loin de chez lui
Un mari se promène,

Souvent ici
Sans souci
La femme veut aussi
Courir la pretentaine.

Et sans s'occuper du lien
Qui pourtant les engage,
Chacun voyage
Pour son bien.
Qu'y trouver de mal ou de bien ?
Rien.

Donc, croyez ça,
Si déjà
Madame Angot changea,
Moi, j'en comprends la cause
Et sans ragot,
En un mot,
C'est qu'à madame Angot
Il manque quelque chose.

REPRISE EN CHŒUR.

C'est naturel, et la plupart
Des femmes que l'on quitte
Profitent vite
Du départ
D'un mari qui pour quelque part
Part.

TOUS

C'est naturel...
Etc.

MADAME ANGOT, en dehors.

C'est bon, c'est bon. Dites à mon commis Nicolas de faire
atteler mon carosse.

VADÉ.

Eh ! justement, c'est elle...

TOUS, remontant.

Oui, vraiment, la v'là !

JAVOTTE.

Mazette, quelle tenue !

TOINON.

Eh ! ben, en v'là-t-y des dentelles !

MADELEINE.

Et des falbalas...

SIMONNE.

On dirait la marquise de Carabas.

VADÉ.

La voilà ! Il faut la recevoir comme une duchesse.

SIMONNE.

Ça y est... et de l'ensemble, si c'est possible.

CHŒUR.

AIR : *Quand on va boire à l'Écu, ou de la Fricassée.*

Vive, vive madame Angot,
Cette merveille
Sans pareille,
Vive, vive madame Angot,
La femme la plus comme il faut !

SCÈNE III

LES MÊMES, MADAME ANGOT, en bourgeoise riche et ridicule
du XVIIIe siècle, robe jaune, châle vert.

MADAME ANGOT.

Merci, mes enfants, merci.
Quand vous me voyez ici
Couverte d' ces falbalas,
Restez à quelques pas,
Ne me chiffonnez pas !

REPRISE.

Vive, vive madame Angot!
Etc.

(Tout le monde rit.)

SIMONNE.

Mais c'est-y pour vendre ton poisson que tu t'arranges de c'te façon-là ?

MADAME ANGOT.

Mon poisson ! ah ! je l'ai bien aimé, j' peux dire que j' l'ai aimé autant que mon mari ; mais à l'heure qu'il est, je me soucie de l'un comme de l'autre.

VADÉ.

Vous n'aimez plus ni votre mari, ni votre poisson ?

MADAME ANGOT.

Je les aime si vous voulez, mais je n'y pense guère ; j'ai du noir dans l'âme.

TOUS.

Du noir...

MADAME ANGOT.

Et quand une femme a du noir dans l'âme, ça peut la mener loin. Mes enfants, j'ai envie d'aller à Constantinople.

JAVOTTE.

Chez le Grand Turc ?

MADAME ANGOT.

Justement, c'est le Grand Turc qui m'attire.

JÉRÔME.

Est-ce que tu voudrais faire partie de son sérail?

MADAME ANGOT.

Je voudrais être sa sultane favorite.

TOUS.

Mazette !

MADAME ANGOT.

AIR : *du Pas de zéphyr*.

Je ne sais pourquoi,
Mais un je ne sais quoi
Me ferait sans effroi
Accepter cet emploi.
Je crois, sur ma foi,
Que j'y ferais la loi.
Au sérail, oui, je croi
Qu'on parlerait de moi.

Je me vois déjà
Commandant au pacha,
Lui dire : Mon p'tit vieux,
Obéis, je le veux ;
Fais ceci, cela.
Car je parlerai là,
Et d'un ton décidé
La langue de Vadé.

D'abord je voudrais
Pour garder nos attraits
Des hommes très-bien faits,
Très-gentils, très-discrets ;
Et je renverrais
Les gardiens du palais
Qui sont, comme muets,
Des hommes incomplets.

Le front du sultan
Est orné d'un croissant
Comme tant de maris
Sont coiffés à Paris.
S'il m'aime jamais,
D'avance j' lui promets
Qu'tout l'monde admir'ra
L'croissant qu'il portera.

REPRISE ENSEMBLE.

Je ne sais pourquoi,
Mais un je ne sais quoi
Me {
Lui } ferait sans effroi

Accepter cet emploi.
   Je crois, sur ma foi,
Que j'y ferais } la loi.
Qu'elle y ferait }
Au sérail, ou... je croi,
Qu'on parlerait de } moi..
               toi.

SIMONNE.

Ah ! c'est égal, vouloir solliciter une place d'odalisque chez
le Grand Turc, c'est cocasse. (Grand bruit au dehors.)

TOUS.

Hein ! qu'est-ce que c'est que ça ?

GÉROME.

Ah ! que de monde...

JAVOTTE.

Et les soldats du guet. .

TOINON.

Et des grands seigneurs qui les rossent.

MADELEINE.

Vite, allons voir ce qui se passe.

VADÉ.

Et si c'est drôle, j'en ferai mon profit.

(Sortie générale.)

SCÈNE IV

MADAME ANGOT, seule.

C'est cocasse, a dit la Simonne... cocasse, pourquoi ça ?
Est-ce que je ne ferais pas une superbe odalisque ? Est-ce que
l'sultan peut s'flatter d'en posséder à la douzaine de mon
numéro ?... Après ça, qu'on me dira, pourquoi que je veux
être odalisque ? mon Dieu, je veux être odalisque parce qu'a-
vant tout, ce qu'il me faut, à moi, c'est un théâtre, un pié-

destal ; je voudrais qu'on parle de moi dans cent ans, et surtout j'voudrais savoir ce qu'on en dirait, de moi, dans cent ans.

SCÈNE V

MADAME ANGOT, LE GÉNIE DE L'AVENIR, costume de fantaisie, sortant de dessous terre.

LE GÉNIE.

Dans cent ans, c'est facile.

MADAME ANGOT.

Qu'est-ce que c'est que celui-là ?

LE GÉNIE.

Nous sommes en 1773 ; tiens, voilà ce qu'on dira de toi en 1873.

DEUXIÈME TABLEAU

La Fille de madame Angot.

(Scène unique.)

MADAME ANGOT, LE GÉNIE.

(Le fond du théâtre s'ouvre et l'on voit le théâtre des Folies-Dramatiques. — Dans le décor du premier acte de la *Fille de madame Angot*, paraissent les personnages de cette pièce représentés par des enfants. Ils sont rangés comme à la première scène de l'ouvrage, et une petite Amaranthe chante à pleins poumons la *Légende de madame Angot* reprise en chœur par tous les autres petits personnages.)

AMARANTHE.

AIR : *Ronde du premier acte de la Fille de Madame Angot* (CH. LECOCQ)

Marchande de marée,
Pour cent mille raisons

Elle était adorée
A la halle aux poissons.
Jours de fête et dimanches,
Quand on l'asticotait,
Les deux poings sur les hanches
Elle se disputait.

Très-jolie,
Peu polie,
Possédant un gros magot,
Pas bégueule,
Forte en gueule,
Telle était madame Angot.

REPRISE EN CHŒUR

PAR TOUS LES ENFANTS.

II

Enfin toute sa vie
Elle a voyagé, mais
C'est surtout en Turquie
Qu'elle eut un grand succès.
Malgré ses cinq cents femmes,
Le sultan, certain soir,
Brûlant de mille flammes,
Lui jeta le mouchoir.

Très-jolie,
Peu polie,
Possédant un gros magot,
Pas bégueule,
Forte en gueule,
Telle était madame Angot.

REPRISE EN CHŒUR.

(Sitôt après la légende, le théâtre reprend son premier aspect.)

MADAME ANGOT.

Comment, on m'aura jeté le mouchoir...

LE GÉNIE.

Et tu auras une fille qui fera parler de toi tout un monde, bien différent de celui que tu connais.

MADAME ANGOT.

Bah ! est-ce que Paris sera beaucoup changé dans cent ans ?

LE GÉNIE.

S'il sera changé !...

AIR : *nouveau de M. Georges Rose.*

Il ne restera rien
De toutes vos coutumes.
Des mœurs et des costumes
Que vous trouvez fort bien,
Rien de tous vos blasons,
De vos pièces courues,
Presque rien dans vos rues,
Très-peu de vos maisons !
En cent ans le progrès,
Invincible puissance,
Changera tout en France,
Même l'esprit français.
Il aura mis à bas,
Au pays où nous sommes,
Tout, excepté les hommes,
Qu'il ne changera pas.
Aussi, presque sans fruit,
Les verrons-nous détruire,
Et toujours reconstruire
Ce qu'ils auront détruit,
Bâtir pour démolir,
Puis rebâtir bien vite,
Et démolir ensuite,
Afin de rebâtir.
Mille journaux très-lus
Parleront politique
Avec tant de logique
Qu'on ne s'entendra plus.
C'est en vain qu'un mortel
Voudra s'y reconnaître.
Enfin Paris doit être
Une tour de Babel.

Mais je m'arrête là ;
Je ne puis entreprendre,
De te faire comprendre
Quelque chose à cela.
Je perdrais trop de temps,
Tu ne pourrais me croire,
Si je faisais l'histoire
De Paris dans cent ans.

MADAME ANGOT.

Dis donc, espèce de je ne sais quoi, avec ta petite voix, ton air narquois et ton langage iroquois, est-ce que tu te fiches de moi ?

LE GÉNIE.

Tu ne me crois pas ?

MADAME ANGOT.

Pas plus que Mathieu Lansberg... Et d'abord, pour avoir le pouvoir de tout prévoir et de savoir tout ce que tu me disais, qui qu' t'es, gringalet ?

LE GÉNIE.

Qui je suis ? Tout simplement le génie de l'avenir.

MADAME ANGOT.

Un génie ?

LE GÉNIE.

Et s'il ne faut pour te convaincre que te montrer Paris dans cent ans...

MADAME ANGOT.

Ah ! mais dites donc, je vous vois venir !

LE GÉNIE.

Que vois-tu ?

MADAME ANGOT.

Je connais ça... vous allez me faire jouer une revue comme on en joue aux marionnettes du sieur Briochet...

LE GÉNIE, riant.

Une revue...

MADAME ANGOT.

Oui, oui. (Chantant.)
            Allons à Paris,
            C'est un paradis.

LE GÉNIE.

Eh bien... oui, tu as deviné, c'est une revue que tu vas
jouer.

MADAME ANGOT.

Et quel en sera le compère ?

LE GÉNIE.

Toi !

MADAME ANGOT.

Alors le compère sera une commère ! Et quel titre lui don-
nerez-vous ?

LE GÉNIE.

Dame... puisque tu en es la commère... je propose de la
nommer... *Forte en gueule.*

MADAME ANGOT, reculant.

Oh ! oh ! Y pensez-vous ?

LE GÉNIE.

Pourquoi non ?

MADAME ANGOT.

Un pareil titre scandalisera tout le monde.

LE GÉNIE.

Pourquoi donc ?

AIR : *de la Sentinelle.*

Forte en gueule est un mot gaulois
Consacré jadis par Molière.
Pouvons-nous faire un meilleur choix
En te choisissant pour commère ?
Pourquoi craindre les mécontents ?
Ne peut-on sans que ça déplaise
Au Château-d'Eau de notre temps

Dire ce qui depuis cent ans
  Se dit sur la scène Française?   (*bis.*)
Et maintenant, suis-moi !

MADAME ANGOT.

Ou ça ?

LE GÉNIE.

Dans Paris.

MADAME ANGOT.

Allons-y !... (Ils sortent ensemble.)

TROISIÈME TABLEAU

Un peu de tout.

(Le théâtre représente une rue de nos jours. Un grand mur
au fond couvert d'affiches.)

SCÈNE PREMIÈRE

DEUX MESSIEURS entrent et traversent le théâtre en s'arrêtant plusieurs fois.

PREMIER MONSIEUR.

Oui, monsieur, voilà ce qu'on assure.

DEUXIÈME MONSIEUR.

Et vous croyez cela possible ?

PREMIER MONSIEUR.

Je le crois, sans le croire.

DEUXIÈME MONSIEUR.

Mais enfin, votre opinion ?

PREMIER MONSIEUR.

Je n'en ai pas.

DEUXIÈME MONSIEUR.

Ni moi non plus.

PREMIER MONSIEUR.

Alors nous pouvons nous comprendre.

DEUXIÈME MONSIEUR.

Enfin, si ça arrivait?..

PREMIER MONSIEUR.

Oui, si ça arrivait ?

DEUXIÈME MONSIEUR.

Ce serait affreux.

PREMIER MONSIEUR.

Ce serait la fin des fins.

DEUXIÈME MONSIEUR.

L'abomination de l'abomination.

PREMIER MONSIEUR.

Il faudrait s'expatrier.

DEUXIÈME MONSIEUR.

Le feriez-vous ?

PREMIER MONSIEUR.

Je n'en sais rien, et vous ?

DEUXIÈME MONSIEUR.

Je l'ignore.....

PREMIER MONSIEUR.

Mais enfin si cela arrivait ?

DEUXIÈME MONSIEUR.

Oh ! alors...

PREMIER MONSIEUR.

Vous croyez?

DEUXIÈME MONSIEUR.

Je ne l'affirme pas.

PREMIER MONSIEUR.

C'est bien possible.

DEUXIÈME MONSIEUR.

Vous le croyez aussi ?

PREMIER MONSIEUR.

Sans l'affirmer non plus. (Ils disparaissent.)

SCÈNE II

MADAME ANGOT, LANGLUMÉ. (On entend le bruit d'une dispute au dehors.)

LANGLUMÉ.

Mais puisque je vous dis que c'est le nouveau tarif.

MADAME ANGOT.

Va te faire fiche avec ton tarif et ton cheval poussif, espèce d'escogriffe, je me rebiffe contre ton tarif.

LANGLUMÉ.

Voyons, la bourgeoise, y n' s'agit que de s'entendre. Vous m'avez pris à l'heure, n'est-ce pas ?

MADAME ANGOT.

Oui, pour ça, je t'ai pris à l'heure ; après ?

LANGLUMÉ.

Eh bien, depuis deux mois, nous sommes autorisés à marcher avec le nouveau compteur kilométrique et horaire.

MADAME ANGOT.

Comment que tu dis ça ?...

LANGLUMÉ.

Kilométrique et horaire, y pourrait être horaire sans être

2

kilométrique, ou kilométrique sans être horaire ; mais il est horaire et kilométrique.

MADAME ANGOT.

Bon, ça m'est égal.

LANGLUMÉ.

Donc nous avons quatorze kilomètres à dix centimes ; ça fait vingt-huit sous.

MADAME ANGOT.

Nous sommes d'accord, je te dois vingt-huit sous.

LANGLUMÉ.

Pour ce qui est kilométrique, mais l'horaire...

MADAME ANGOT.

Ah ! oui, l'horaire... Eh ! bien ?

LANGLUMÉ.

Cinquant-sept minutes à deux centimes, ça fait un franc quatorze, mettons un franc quinze pour arrondir.

MADAME ANGOT.

Oui, je vois que t'arrondis. Après ?

LANGLUMÉ.

Vingt-huit sous et un franc quinze, ça fait trois francs quatre-vingt-quinze.

MADAME ANGOT.

En arrondissant. C'est cher ; mais tu me demandes cinq francs.

LANGLUMÉ.

Attendez donc : la prise de possession de la voiture, vingt-cinq centimes, quatre francs vingt ; mon pourboire, que vous ne pouvez pas me refuser, vingt-cinq centimes, ça fait donc quatre francs quarante-cinq.

MADAME ANGOT.

Comment, je ne peux pas te le refuser ! Je peux très-bien

te le refuser; mais je ne te le refuse pas! Ca ne fait encore que quatre francs quarante-cinq.

LANGLUMÉ.

Oui, mais vous m'avez pris à l'heure.

MADAME ANGOT.

Eh bien ?

LANGLUMÉ.

Eh bien, voilà un quart d'heure que je vous explique le tarif, ça fait juste le compte.

MADAME ANGOT.

Ah! diable, c'est vrai. Je t'ai pris à l'heure. Voyons, finissons-en. Nous disons cinq francs.

LANGLUMÉ.

Le métier est dur, allez, bourgeoise.

AIR : *Voici mon oncle La Jonchère.*

Je suis un père de famille,
Un cocher bien intéressant :
Déjà j' possède un' petit' fille
Et ma femme est en mal d'enfant...
Figurez-vous...

MADAME ANGOT.

J' te dis d' te taire.
Si j'écoutais ton boniment,
Grâce au nouveau tarif horaire
Tu m' f'rais payer son accouch'ment.
V'là tes cinq francs, va t' fair' lenlaire.
Je n' payerai pas ton accouch'ment.

LANGLUMÉ.

Vous être grosse, vous, mais vous êtes fine. Allons, bon, v'là cocotte qui démarre. Au revoir, la bourgeoise... Oh hé ! cocotte, oh hé !

SCÈNE III

MADAME ANGOT, seule.

Ah ! c'est égal, depuis que mon petit génie m'a quittée,
j' peux m' vanter d'en avoir vu de ces merveilles !

AIR: *Chez nous tout devient national.* (FOIRE AUX IDÉES.)

> D'abord j' suis allée en ch'min d' fer,
> Où je me suis crue en enfer.
> Les coucous allaient plus lent'ment,
> Mais on arrivait plus sûr'ment.
> On a reculé mes remparts,
> On a dérangé mes boul'varts ;
> Partout je promène mon r'gard,
> Et je ne me r'connais null'part.
> Depuis mon arrivée, en vain
> Je cherche la foir' Saint-Germain,
> La foir' Saint-Laurent où j'allais,
> Enfin tout's les foir's que j'aimais.
> Je cherche Tivoli, Marbœuf,
> La Samaritain' du Pont-Neuf,
> Et je n' vois en fait d' carillons
> Que de grand's ru's et d' grand's maisons.
> C' nouveau Paris me semble bien,
> Mais c'est égal, je r'grett' l'ancien.
> De la Halle que j' connaissais
> Maint'nant ils ont fait un palais.
> Ça m'a fait r'gretter l'ancien temps,
> Car les femmes qui sont là-d'dans
> Ont l'air, je n' sais pour quell' raison,
> D' s'embêter autant qu' leur poisson.
> C'est grand, c'est beau, certainement;
> Mais à quoi bon ce changement?
> J'ai bien vu que, malgré tant d' frais,
> Le poisson n'en est pas plus frais.

(Regardant au fond.) Et les affiches... Qu'est-ce que c'est
encore que celle-là... (Lisant.) « Le meilleur chocolat est le
chocolat Tartempion... » — Ah ! le meilleur chocolat... Tiens,
v'la justement un café, si je demandais... (Ici un homme traverse
le théâtre avec des prospectus et en donne un à madame Angot.)

MADAME ANGOT.

Merci, monsieur. Comment, il s'en va... Serait-ce un billet doux ?... (Lisant.) « Le meilleur chocolat est le chocolat Tartempion. » Je le savais. (Un autre homme, qui est arrivé du côté opposé, lui remet un second prospectus).

MADAME ANGOT.

Merci, monsieur... Quelle drôle de mode ! (Lisant.) « Le meilleur chocolat... » Encore... (Un troisième homme, arrivant par derrière, lui tend un troisième prospectus.)

MADAME ANGOT.

Merci, monsieur... (Lisant.) « Le meilleur... » Ah ! mais en voilà assez... d'abord je vais bien voir... (Allant à la table et appelant.) Garçon ! Tiens, quelque chose d'écrit sur la table : « Le meilleur chocolat est le chocolat Tartempion... » Ah! c'est trop fort!

UN GARÇON, entrant.

Madame a appelé ?

MADAME ANGOT.

Oui. Servez-moi une tasse de chocolat Tartempion.

LE GARÇON.

A l'instant ! Un chocolat Tartempion, un...

MADAME ANGOT.

Je suis bien aise de m'assurer par moi-même. (Ici un gandin s'approche de madame Angot et lui prend la taille.)

MADAME ANGOT.

Qu'est-ce qui me chatouille ?

LE GANDIN.

Ravissante !

MADAME ANGOT.

Eh ! dis donc, monsieur au lorgnon, si tu voulais bien passer ton chemin, espèce de serin.

LE GANDIN.

Délirante. Je vous adore. Lisez. Prudence et mystère. (Il sort.)

2.

MADAME ANGOT.

Une conquête... (Ouvrant le papier.) Mon cœur palpite...(Lisant.) « Le meilleur chocolat... » Ah !... (Ici entre une bonne avec un petit garçon qu'elle tarabuste.)

LA BONNE.

Ah ! c'est vot' maman qui sera contente, petit polisson !

MADAME ANGOT.

Eh ben ! eh ben ! voulez-vous bien ne pas tarabuster ce petit ange comme ça!

LA BONNE.

Un petit ange, lui ! Tenez, voyez dans quel état il a mis son pantalon. (Elle retourne l'enfant et ouvre le pantalon fendu par derrière. Le prospectus est écrit sur la chemise.)

MADAME ANGOT, lisant.

« Le meilleur chocolat... » Là aussi ! (La bonne et l'enfant sortent.)

LE GARÇON, entrant.

Voilà le chocolat.

MADAME ANGOT.

Non, pas de chocolat Tartempion ! pas de chocolat Tartempion!

LE GARÇON.

Mais madame a commandé...

MADAME ANGOT.

Apportez-moi aut' chose, c' que vous voudrez, pourvu que ce ne soit pas ça.

SCÈNE IV

MADAME ANGOT et L'INDUSTRIEL.

UN INDUSTRIEL, entrant.

Demandez !... demandez !... la nouvelle hélice... la nouvelle tulipe ascensionnelle, la joie des enfants, la tranquillité des parents,.. demandez...

MADAME ANGOT.

Qu'est-ce que c'est donc que ça, monsieur ?

L'INDUSTRIEL.

Tenez, madame, regardez en l'air.

MADAME ANGOT, levant la tête.

En l'air....

L'INDUSTRIEL.

Regardsz bien. (Il lance sa tulipe en l'air, madame Angot la suit des yeux, l'industriel lui prend son ridicule et se sauve).

MADAME ANGOT.

Ah ! c'est très-gentil... c'est très-gentil... comment, monsieur... Tiens!... il est parti... Ah! mais c'est ridicule... En parlant de ridicule, où est donc le mien? Il me l'a volé... (Courant après l'industriel.) Ah! gredin! ah! filou!... (Elle sort.)

SCÈNE V

POUDRE-DE-RIZ, PLAISIR-DES-YEUX, PURÉE-CRÉCY, FLEUR-DE-PÉCHÉ, ensuite PICHENETTE, toutes en toilette excentrique.

POUDRE-DE-RIZ.

Où court donc cette dame ?

PURÉE-CRÉCY.

Après un monsieur qui se sauve.

PLAISIR-DES-YEUX.

Bah ! laissons-la courir.

FLEUR-DE-PÉCHÉ.

Du moment que ce n'est pas après nous que l'on court, ça ne m'intéresse pas.

POUDRE-DE-RIZ.

Que nous disait donc Plaisir-des-Yeux ?

PLAISIR-DES-YEUX.

Que le jeune gommeux Hector de Pont-Cassé s'est battu en
duel avec Achille de Saint-Galmier pour cette pimbêche de
Pasta-Frola.

FLEUR-DE-PÉCHÉ.

Et se sont-ils cassé quelque chose ?

PLAISIR-DES-YEUX.

Hector de Pont-Cassé a reçu un coup d'épée dans son porte-
monnaie et Achille de Saint-Galmier dans un endroit qui l'empêche de s'asseoir.

POUDRE-DE-RIZ.

Il s'était donc retourné ?

PLAISIR-DES-YEUX.

Il dit que c'est le soleil qui lui donnait dans l'œil.

PURÉE-CRÉCY.

A-t-elle de la chance cette Pasta-Frola ! voilà le quatrième
homme qui se fait abîmer pour elle.

FLEUR-DE-PÉCHÉ.

Ah ! ça va bien les duels, cette année.

POUDRE-DE-RIZ.

Et rien ne pose une femme comme ça.

PICHENETTE, entrant.

C'est affreux, c'est indigne, c'est dégoûtant.

FLEUR-DE-PÉCHÉ.

Tiens, Pichenette...

POUDRE-DE-RIZ.

A qui en as-tu donc ?

PICHENETTE.

Ah ! mes enfants, il m'en arrive une qu'est un peu forte!

TOUTES.

Quoi donc ?

PICHENETTE.

Vous savez bien cet imbécile de petit baron de Saint-Alban...

POUDRE-DE-RIZ.

Ton amoureux.

PICHENETTE.

Que je ne pouvais pas souffrir. Il y a huit jours que, pour désarmer mes rigueurs, il me donne un bracelet de dix mille francs ..

PURÉE-CRÉCY.

Mazette ! ça les aurait désarmées les miennes, de rigueurs.

PICHENETTE.

Ce jour-là je lui accorde le droit de me payer à dîner chez Bignon et je suis d'une gentillesse... Enfin il fait bien les choses... Je lui en suis reconnaissante, et... nous nous séparons les meilleurs amis du monde ! Mais ne voilà-t-il pas qu'hier un huissier se présente chez moi au nom de je ne sais quel bijoutier, et me réclame le bracelet sous prétexte que Saint-Alban avait oublié de le payer.

FLEUR-DE-PÉCHÉ.

Comment ! on réclame les bijoux, maintenant !

PICHENETTE.

Oui, ma chère. Quand on nous fera des cadeaux à l'avenir, il faudra exiger la facture avec l'acquit et un timbre de dix centimes.

TOUTES.

Mais c'est affreux !

PICHENETTE.

Air : *Dans le fourré des taillis.* (HUSSARD PERSÉCUTÉ.)

Ah ! plaignons à l'avenir
Les cocottes, les cocottes :
Que de notes
A tenir !
Vrai, c'est à n'en plus finir.

I

Quand un amoureux bien tendre
Et bien riche s'offrira,
Avant de songer à prendre
Ce qu'il nous apportera,
Avant même de sourire,
Et d'un air presque effrayé,
D'abord il faudra lui dire :
Le marchand est-il payé ?

ENSEMBLE

Ah ! plaignons à l'avenir
Les cocottes, les cocottes...

PICHENETTE.

II

S'il faut ainsi qu'on s'exerce
A prévoir les mauvais tours,
Que deviendra le commerce,
Que deviendront les amours ?
N'ayant plus de clientèles,
Faute d'exposer beaucoup,
Les bijoutiers et les belles
Ne feront plus rien du tout.

REPRISE ENSEMBLE.

SCÈNE VI

LES MÊMES, MADAME ANGOT puis LA MARQUISE D'ES-
CARBAGNAS.

MADAME ANGOT, revenant avec son ridicule.

Ah ! je l'ai rattrapé, et il s'en souviendra...

PICHENETTE, l'apercevant.

Mesdames, regardez donc, quelle caricature !

MADAME ANGOT, les apercevant.

Tiens! des petites dames... Oh! les drôles de modes!

POUDRE-DE-RIZ.

Madame n'est pas Parisienne?

MADAME ANGOT.

Je le suis sans l'être.

TOUTES.

Comment?

MADAME ANGOT.

C'est-à-dire que je suis d'un autre Paris! du Paris d'il y a cent ans.

PURÉE-CRÉCY.

Vous avez cent ans?

FLEUR-DE-PÉCHÉ.

Vous ne les paraissez pas.

MADAME ANGOT.

Je les ai sans les avoir. Mais les singuliers costumes! quel est donc ce chapeau-là?

PLAISIR-DES-YEUX.

Le chapeau montagnard.

MADAME ANGOT.

Tiens, tiens, tiens, tiens. Ah! et cette ceinture?

PICHENETTE.

La ceinture en fer battu avec crochet pour suspendre l'éventail, la montre, l'ombrelle ou le parapluie.

MADAME ANGOT.

En temps de déménagement, on pourrait y suspendre sa batterie de cuisine.

POUDRE-DE-RIZ, aux autres.

Mais elle est très-gaie, cette brave femme. (Ici l'on voit paraître la marquise d'Escarbagnas.)

MADAME ANGOT.

Ce qui m'étonne pourtant, ce sont ces étoffes et les singulières coupes de tous ces costumes ; çà bride par devant, ça bouffe par derrière ; c'est la mode, ça ?

PURÉE-CRÉCY.

La mode la plus nouvelle.

PICHENETTE.

La dernière mode.

LA MARQUISE, riant.

Ah ! ah ! ah ! ah !

TOUTES, se retournant.

Hein ?

LA MARQUISE.

Nouvelles, les modes d'aujourd'hui ; nouvelles, ces étoffes-là... mais je les ai portées à toutes les époques de ma vie.

MADAME ANGOT.

Et madame remonte ?...

LA MARQUISE.

A 1810.

TOUTES.

Oh !

LA MARQUISE.

Je suis la vieille marquise d'Escarbagnas, une élégante d'autrefois, mais aujourd'hui je suis douairière et je m'habille comme de mère en fille se sont habillées mes grands-parentes. Eh bien ! regardez-moi, y a-t-il une bien grande différence entre mon costume et les vôtres ?

MADAME ANGOT.

Ma foi, non.

LES AUTRES FEMMES.

Mais...

LA MARQUISE.

Le présent, c'est le passé ; l'avenir sera le présent, et toujours ainsi de suite.

(Allant à FLEUR-DE-PÉCHÉ.)

AIR : *nouveau de* M. GEORGES ROSE.

Cela me fut dit par ma mère,
Qui même un jour me la montra.
En naissant j'eus une brassière
De cette belle étoffe-là.

(Allant à POUDRE-DE-RIZ.)

Encor toute petite fille,
Au Luxembourg me promenant,
J'avais déjà cette mantille
Qu'on nommait à la grand'maman.

(Allant à PURÉE-CRÉCY.)

Et mon petit cousin Eugène,
Lorsqu'à la pension j'étais,
Au parloir me fit une scène
Pour ce ruban que je portais.

(Allant à PLAISIR-DES-YEUX.)

Plus tard, quand je fus en cachette
Chez le premier de mes... galants,
J'avais pour unique toilette
Cette robe bleue à pois blancs.

(Allant à PICHENETTE.)

Lorsque je me suis mariée,
Je crois que je portais aussi
Une dentelle historiée
A peu près comme celle-ci.

Et lorsque subissant l'empire
D'un jeune... et tendre favori,
Un jour... c'est difficile à dire,
Un jour j'oubliai mon mari...

(Allant à MADAME ANGOT.)

Voyez la singulière idée !
Ce jour-là je portais aussi

3

Une robe jaune bordée
Tout à fait comme celle-ci.

On changea la forme première
Pour avantager nos appas.
Soit par devant soit par derrière,
Ça bouffait ou ne bouffait pas.

Mais chez nous de tout temps les belles
Ont eu des atours insensés,
Et toutes vos modes nouvelles
Me rappellent mes jours passés.

MADAME ANGOT.

Eh bien ! elle me va, moi, cette petite vieille-là.

PICHENETTE.

Ah ! ça, mesdemoiselles, est-ce que nous allons nous laisser
comparer à ces deux vieux panas-là ?

MADAME ANGOT.

Panas, elle nous appelle panas! Eh ! dis donc, mamzelle
L'embarras, on t'en donnera des panas de ce numéro-là ;
c'est pas toi, la mijaurée, avec ton air sucré, tes appas rem-
bourrés et ta figure plâtrée, qui dégoteras la marquise d'Escarbagnas et des appas comme les miens, propre à rien !

TOUTES LES AUTRES DAMES.

Ah ! sauvons-nous !

CHŒUR.

AIR :

C'est vraiment un scandale,
C'est à se demander
Si l'on est à la halle
A se vilipender.
    Non, non, non, non,
Cela n'a pas de nom.

MADAME ANGOT.

Si tu veux du scandale,
Tu peux en demander.

J'arrive de la halle
Pour te vilipender.
Et nom d'un nom!
Je t'apprendrai mon nom.

(Pendant cet ensemble la marquise rit aux éclats et sort d'un côté, pen-
que les autres dames sortent du côté opposé.)

SCÈNE VII

MADAME ANGOT seule, marchant à grands pas.

Panas! panas! je ne lui en ai pas encore assez dit. (Elle remonte.)
Si... mais qu'elle n'y revienne pas. (Redescendant) A-t-on jamais
vu cette pimbêche! Tiens, mais en parlant de pimbêche, et la
marquise... qu'est-ce qu'elle est devenue, la marquise?... (Ici
on entend un orgue de Barbarie qui joue l'air : Pas bégueule, forte en gueule.)
Tiens, de la musique... (Écoutant.) Ah ! c'est très-gentil, ça.

SCÈNE VIII.

MADAME ANGOT, LE GRINCHEUX.

LE GRINCHEUX, entrant exaspéré.

Assez... assez!... Voulez-vous vous taire!...

MADAME ANGOT.

Qu'est-ce que vous avez donc, monsieur ?

LE GRINCHEUX.

Ce que j'ai? J'ai que je suis poursuivi par une partition.

MADAME ANGOT.

Une partition ?

LE GRINCHEUX.

Que je ne puis faire un pas, descendre dans la rue, rentrer

chez moi, aller à mon bureau, chez ma maîtresse, au spectacle, nulle part enfin, sans entendre les mêmes airs joués sur tous les instruments, chantés sur tous les tons, par toutes les voix de toutes les fichues bêtes qui m'étourdissent, m'assourdissent et m'abrutissent !

MADAME ANGOT.

Des airs que vous n'aimez pas ?

LE GRINCHEUX.

Que je n'aime plus pour les avoir trop aimés, pour les avoir trop chantés, pour m'être étourdi, assourdi et abruti moi-même en les chantant.

MADAME ANGOT.

Mais de quelle partition, de quels airs parlez-vous ?

LE GRINCHEUX.

Et de quoi voulez-vous que je parle, puisqu'on ne chante plus autre chose ? Tenez, voulez-vous que je vous raconte ma ournée d'hier ?

AIR : *nouveau de* M. ED. CLAIRVILLE

Au bal j'avais passé la nuit,
Et je voulais rester au lit
Toute la grasse matinée,
Quand pour commencer la journée
Des couvreurs se crurent le droit
De vociférer sur le toit :

Fort jolie,
Peu polie,
Possédant un gros magot,
Pas bégueule,
Forte en gueule,
Telle était madame Angot !

Assez, assez... criai-je, en achevant mon rêve.
Mais ils continuaient toujours :

Pas bégueule,
Forte en gueule...

A la fenêtre en chemise je cours :
Silence, taisez-vous... .

     Pas bégueule,
     Forte en gueule...
      Pour le coup, je me lève.
Je m' habille, je sors, et déjà furieux
   De cette infernale musique,
   J'achète un journal politique,
  Quand des gamins qui marchaient deux à deux
   Entonnèrent à perdre haleine :
   Voilà comment cela se mène.
     C' n'était pas la peine, (*Bis.*)
   Non pas la peine assurément,
   De changer de gouvernement.
Pour calmer la fureur qui déjà me transporte,
Je vais chez ma maîtresse, où je me promettais
   Mille plaisirs, lorsqu'à sa porte
  J'entends chez elle un homme qui chantait :
   Elle est tellement innocente...
Pour démasquer cette infidèle amante,
   Brisant la porte du logis,
   J'allais l'accabler de mépris
   Lorsque c'est elle qui me chante :
   Ah ! c'est donc toi, grand iroquois
   Espèce de je ne sais quoi !
   Tu voulais en êt' convaincu ?
   Eh bien ! c'est vrai, j' te fais...
     Elle a dit l' mot !
    Comme un' madame Angot.
   Et moi pour punir l'infidèle
   Déjà je conspirais contre elle
   Quand j'entendis un piano
    Jouant pianissimo :

    Pour tout le monde
    Il faut avoir
    Perruque blonde
    Et collet noir.

Et comme je n'avais pas de perruque blonde,
  Que mon collet n'était pas noir non plus,

   Désespéré, je résolus
   D'aller m'enterrer loin du monde

Dans une retraite profonde,
Et pour ne pas aller trop loin
Ce fut dans l'île de Saint-Ouen,
    Au fond d'une carrière,
Que je couchai la nuit dernière.

Et ce matin, jugez de ma fureur
Des mariniers, des marinières,
Des canotiers, des canotières
M'éveillèrent chantant en chœur
        De la mère Angot
            J'suis la fille... (*bis.*)
            Et voilà,
            J'en suis là.
        Toujours ces refrains-là.
            Oh ! là là,
            Me voilà
        Moi-même chantant ça...
Hélas ! qui me délivrera
De cette partition-là?
        Qui me délivrera
            vrera
            vrera
        Qui me délivrera (*Bis.*)
De cette partition-là ?

(Il va pour sortir à droite ; on entend l'orgue, il ressort à gauche, il se
rencontre avec un aveugle qui joue un air de Madame Angot sur une
clarinette... Il lui arrache sa clarinette et se sauve.)

L'AVEUGLE, courant après lui.

Ah ! je vous ai bien vu, allez ! (il sort.)

MADAME ANGOT.

Eh ! dis-donc, espèce d'imbécile... m'en a-t-il dégoisé
sur la musique de mon enfant... Tiens, ça me fait penser que
e ne la connais pas, ma fille... Il faudrait pourtant...

———

QUATRIÈME TABLEAU

Le chalet de nécessité.

(Ici le ciel se couvre de nuages. — Il commence à pleuvoir. —
Au fond du théâtre le chalet sort de dessous terre.)

SCÈNE PREMIÈRE

MADAME ANGOT, puis LE GARDIEN.

MADAME ANGOT.

Allons... voilà qu'il pleut! (Regardant.) Tiens! un chalet, que
je n'avais pas vu... entrons là...

LE GARDIEN, sortant du chalet.

Madame, pas encore. L'établissement n'ouvre que dans
cinq minutes.

MADAME ANGOT.

Pardon, monsieur, mais il pleut et j'ai besoin...

LE GARDIEN.

' Dans cinq minutes...

MADAME ANGOT.

Mais dans cinq minutes je serai trempée... (La pluie cesse.)
Ah! non, voilà que ça cesse, ce n'était qu'un tout petit
nuage! (Le gardien se met à balayer devant le chalet.) Qu'est-ce
que c'est donc que ce chalet-là, monsieur?

LE GARDIEN.

Ah! madame ne sait pas... c'est que c'est assez difficile à
dire... Me permettez-vous de vous le chanter?

MADAME ANGOT.

Certainement, ça me sera même plus agréable.

LE GARDIEN.

AIR :

Ce chalet... je n'ose vous dire...
Mais écoutez, comprenez-moi...
Ce chalet... on l'a fait construire
Je n'ose vous dire pourquoi.
Bref! madame, pour une belle
Ayant de la timidité
C'est une invention nouvelle
De première nécessité.

} *Bis.*

MADAME ANGOT.

N'achevez pas, j'ai compris ; encore une idée qu'on n'aurait pas eue de mon temps.... Ah! le siècle marche, le siècle marche... (Le gardien rentre dans le chalet.)

SCÈNE II

LES MÊMES, PALMYRE, ARTHUR, ensuite MONGUIGNON.

PALMYRE.

Non, monsieur Arthur, ne me suivez pas, je vous assure que c'est dangereux... Si mon mari...

ARTHUR.

Mais il vous croit chez votre tante.

MADAME ANGOT.

Tiens, tiens, tiens !

ARTHUR.

Et nous pouvons profiter...

PALMYRE.

Vous ne le connaissez pas... il est d'une jalousie...

MADAME ANGOT.

Il n'a pas tort.

PALMYRE.

Ciel! là-bas, c'est lui !

ARTHUR.

Lui !...

PALMYRE.

Sauvez-vous ! (Arthur se sauve.)

PALMYRE.

Il vient... Où me cacher ?... Ah ! ce chalet... (Elle entre dans le chalet.)

MADAME ANGOT

Tiens, ça peut servir aussi à ça ! Ah ! le siècle marche..

MONGUIGNON, entrant, un pistolet à la main.

C'était elle... je l'ai reconnue ; où se cache-t-elle ?... (Apercevant le chalet.) Ah ! là... oui, elle ne peut être entrée que là... (Il se précipite dans le chalet.)

MADAME ANGOT.

Un drame en ces lieux ! voilà où conduit le relâchement des mœurs... Et dire que moi aussi autrefois... (Ici on entend un coup de pistolet.) Ah ! crebotte, une pétarade !... Ah ! mes enfants, que s'est-il passé ?... ce drame dans ce chalet, c'est navrant.

MONGUIGNON, sortant du chalet, sa femme sous le bras.

Eh ! quoi, vous étiez seule...

PALMYRE.

Mais sans doute, monsieur, et vous m'avez fait une peur..

MONGUIGNON, sortant avec sa femme.

Pardonnez-moi, Caroline... je vous avais vu entrer là e je croyais ce chalet le temple de vos amours. (Ils sortent.)

MADAME ANGOT.

Les maris seront toujours les mêmes !... Garçon !... (Elle rentre au café. — Changement.)

CINQUIÈME TABLEAU

C'est le chat.

(Le théâtre représente une place de village. — Une auberge à
gauche. — A droite la maison de Bobichette.)

SCÈNE PREMIÈRE

LUSTUCRU, Trois Garçons, ensuite CASTAGNOL.

LUSTUCRU, sortant de l'auberge.

Comment, pas un lièvre, pas même un lapin, et cela le
jour où le shah de Perse arrive à Versailles. Certainement je
n'ai pas la vanité de croire que le shah va venir ici me demander une gibelotte, non ; mais on me demandera des gi-
belottes à propos de shah ! et que voulez-vous que je devienne
si je n'ai pas même un chat pour faire une gibelotte ?

TOUS.

Dame, bourgeois...

LUSTUCRU.

Dame, bourgeois, que pouvez-vous me répondre ? Et quand
vous resterez là à me regarder comme des imbéciles !...

TOUS.

Dame, bourgeois...

LUSTUCRU.

Sont-ils bêtes avec leur « dame bourgeois ! » Où est Casta
gnol ?

TOUS, lentement.

Castagnol...

LUSTUCRU.

Oui, Castagnol, est-ce que vous ne le connaissez pas ?

TOUS, riant bêtement.

Oh ! si.

LUSTUCRU, les imitant.

Oh! si... nom d'un chien! si au lieu de lapins, je manquais d'oies, je saurais bien où les trouver.

CASTAGNOL, accourant.

Bourgeois ! bourgeois !

LUSTUCRU.

Ah ! voilà Castagnol...

CASTAGNOL, avec un panier.

Victoire ! victoire !

LUSTUCRU.

Tu en as trouvé ?

CASTAGNOL, montrant son panier.

J'en ai cinq.

LUSTUCRU.

Cinq lièvres ?

CASTAGNOL.

Non.

LUSTUCRU.

Cinq lapins ?

CASTAGNOL.

Non

LUSTUCRU.

Alors cinq...

CASTAGNOL, lui parlant à l'oreille.

Miaou !

LUSTUCRU.

Compris, je suis sauvé ! (Chantant l'air de Guillaume Tell.) Suivez-moi... (Tous rentrent.)

SCÈNE II

BOBICHETTE, entrant.

Minet, Minet, Minet... c'est drôle, j'croyais avoir entendu miauler... qu'est-ce qu'il a pu devenir depuis hier... ce libertin-là? Après ça faut avouer que c'est un peu d'ma faute...

AIR : *nouveau de* M. DIACHE.

I.

A Minet j' défends, et j' fais bien,
D'aller sur l' toit pour l'amourette.
Mais comm'je permets à Bastien
De v'nir me voir dans ma chambrette,
Quand j'ouvre à Bastien Minet sort.
C'n'est pas Minet qu'est dans son tort !

II.

Un jour qu'Bastien était chez moi,
On frappe... O Dieu ! qui qu' ça peut être ?
Bastien, témoin de mon effroi,
Sort à l'instant par la fenêtre.
Voilà qu'Minet le suit encor...
C' n'est pas Minet qu'est dans son tort.

III.

Chacun cherche à voir son objet...
On est si faible quand on aime!
Et quand je reproche à Minet
De faire ce que j' fais moi-même
J'ai beau lui dir' : C'est un peu fort !
C'est pas Minet qu'est dans son tort.

Ah ! ma foi, il reviendra s'il veut. Mais je ne vois pas plus Bastien que Minet ; et pourtant il m'avait bien promis de venir me prendre à trois heures pour me mener voir l'arrivée du shah ! un autre... qu'on dit magnifique. Et dame, je me suis faite belle. Est-ce pour le shah, est-ce pour Bastien ? C'est peut-être pour tous les deux, ou peut-être pour le petit Grivet, mon danseur de l'aut' jour... Ah ! Dieu, qu'il danse bien, le p'tit Grivet ... (Grand bruit au dehors.) Tiens, quoi que c'est donc ?

MADAME ANGOT, au dehors

Et... allez donc ! tas d' fichues bêtes, tas de propres à rien !
Rires et clameurs au dehors.)

BOBICHETTE.

Tiens, c'est une dame !

SCÈNE III

BOBICHETTE, MADAME ANGOT.

MADAME ANGOT, parlant à la cantonade.

Allez donc, tas de fainéants, tas de rien du tout ! (Descendant.)
A-t-on jamais vu des malhonnêtes comme ça !...

BOBICHETTE.

Est-ce qu'on vous a manqué, madame ?

MADAME ANGOT.

Oui mon trognon, on s'est fichu de moi. J'arrive sur la
grande route, ici près, et je vois une foule arrêtée et bâillant
aux corneilles. J'm'approche d'un premier individu et j'lui
dis : « Qu'est-ce qu'on attend donc ? » Y m'répond : « C'est
l'chat.» Moi j'le regarde et je l'quitte en haussant les épaules
comme ça... Mais un peu plus loin, je r'nouvelle ma question
à une belle dame qui donnait le bras à un beau jeune homme
et qui m'répond en faisant la bouche en cœur : « C'est le chat
qui va passer pour se rendre au palais. » Ah! dame, la patience
m'échappe et v'là que je me mets à l'entreprendre, fallait voir.
Mais v'là-t'y pas que tout le monde se range de son côté et
que c'est moi qu'on agonise. Oh ! alors, j'les appelle tous tas
d'imbéciles et je les quitte en jouant des poings et des coudes.

BOBICHETTE.

Mais ils vous disaient vrai, c'est un shah qu'on attend.

MADAME ANGOT.

Un chat?...

BOBICHETTE.

Le shah de Perse.

MADAME ANGOT.

De Perse...

BOBICHETTE.

Un souverain tout couvert de diamants et qui n'a que trois mois pour faire le tour du monde.

MADAME ANGOT.

Mazette! y n' faut pas que ce soit un chat lent.

BOBICHETTE.

Oh ! non, c'est un shah prompt.

MADAME ANGOT.

Et il est beau?

BOBICHETTE.

Superbe.

MADAME ANGOT.

Tant mieux, j'aime pas les chats laids.

BOBICHETTE.

On dit qu'il a des diamants partout, jusque dans le dos.

MADAME ANGOT, riant.

Ah ! ah ! ah ! je serais curieuse de voir les diamants qu'a le chat au dos.

BOBICHETTE.

Et des sourcils d'un noir, mais d'un noir...

MADAME ANGOT.

Oui, je connais ça, ce sont des sourcils que les chats teignent...

BOBICHETTE, à part.

Ah! mais, elle m'ennuie... C'est elle qui fait tous les mots! (Haut.) J'voudrais pourtant bien en faire un sur le chat, moi!

MADAME ANGOT.

Eh bien, le v'la... chamois !

BOBICHETTE.

Tiens! c'est vrai!... mais où il est vraiment beau... c'est quand il a son plumet.

MADAME ANGOT.

Ah ! oui, la nuit.

BOBICHETTE.

Pourquoi la nuit ?

MADAME ANGOT.

Parce qu'on dit que la nuit tous les chats sont gris.

BOBICHETTE.

Mais non, y n' s'agit pas de ça ; son plumet, c'est son aigrette.

MADAME ANGOT.

Son I grec.

BOBICHETTE.

Non, aigrette ; un plumet tout couvert de diamants.

MADAME ANGOT.

Encore des diamants.

BOBICHETTE.

Puisqu'on vous dit qu'il en a partout. jusque sur son sabre.

MADAME ANGOT.

Sur son sabre aussi. Mais qu'est-ce que c'est donc que ce chat-là ?

BOBICHETTE.

AIR : *nouveau de* M. DIACHE.

On dit qu'il arriv' d'Ispahan
Que dans son pays on l' redoute,
Et même on ajoute,
Bien à tort sans doute
Que là-bas c'est un tyran,
Nous qui n'aimons pas les tyrans.
Si tout d'même nous lui faisons fête,
C'est pour son aigrette.
Partout on s'arrête
Pour voir ses beaux diamants.

Hier,
Comme il passait tout fier,
Une mère à sa fille
Disait : C'est un astre nouveau
Vois donc comme il est beau.
Vois donc sur son chapeau
La belle aigrette, comme elle brille!
Ma fille, j'voudrais bien
La voir briller sur le tien.

MADAME ANGOT.

C'est une idée qui devait venir à une mère.

I.

BOBICHETTE.

Sur son grand air on est d'accord,
Et partout la foule l'acclame ;
Mais entre nous, dame,
D'y conduir' leur femme
Je crois qu' les maris ont tort.
Toutes celles qui le verront,
Et je parle des plus honnêtes,
De luxe, de fêtes,
Et surtout d'aigrettes
Longtemps, je crois, rêveront.
On dit qu'en venant à Paris
Il renvoya ses femmes,
Sans craindre dans notre pays
De manquer de houris.
Les cocottes pour lui
Brûlent déjà de tendres flammes,
Et feraient aujourd'hui
De ce shah leur chien chéri.

ENSEMBLE.

Les cocottes, pour lui,
Etc.

MADAME ANGOT.

Quel drôle de pays! quel drôle de pays !..

BOBICHETTE.

Mais, avec tout ça, Bastien ne vient pas. Je gage qu'il est encore à se boissonner chez le père Lustucru. Ah! si je l'y pince! je vais voir le shah avec Grivet. (Elle entre à l'auberge.)

SCÈNE IV

MADAME ANGOT, seule.

Comment, c'était pour voir un shah de Perse que tous ces badauds... Mais j'y pense, moi qui voulais me faire odalisque chez le Grand-Turc, si je profitais de la circonstance... Pourquoi pas... J'vas m'poser sur son passage et quand je le verrai venir... (Ici grand bruit de casseroles et de voix dans l'auberge.) Tiens, est-ce qu'on se bat là-dedans?

BOBICHETTE, en dehors.

C'est affreux! c'est une horreur! une infamie!

MADAME ANGOT.

Tiens, c'est ma commère de tout à l'heure.

SCÈNE V

MADAME ANGOT, BOBICHETTE.

BOBICHETTE, arrivant en pleurant.

Ah! quel malheur! quel malheur!

MADAME ANGOT.

Un malheur vous est arrivé?

BOBICHETTE.

Infortuné chat !...

MADAME ANGOT.

Un malheur est arrivé au shah!

BOBICHETTE.

Ils l'ont assassiné!

MADAME ANGOT.

Assassiné !

BOBICHETTE.

Coupé par morceaux !

MADAME ANGOT.

Ah !

BOBICHETTE.

Et mis dans une casserole...

MADAME ANGOT.

Une casserolle...

BOBICHETTE.

Excepté la tête, que j'ai reconnue.

MADAME ANGOT.

Ah ! c'était pour avoir son bonnet.

BOBICHETTE.

Son bonnet...

MADAME ANGOT.

Mais qu'est-ce que ça peut vous faire à vous ?

BOBICHETTE.

C' que ça m' fait.. d'abord je l'aimais beaucoup...

MADAME ANGOT.

Vous l'aimiez...

BOBICHETTE.

Et lui donc... fallait lui voir faire son ronron quand il me voyait.

MADAME ANGOT.

Y faisait des ronrons ! Mais enfin racontez-moi donc le crime ; connaît-on l'assassin ?

BOBICHETTE.

Oui, c'est Castagnol.

MADAME ANGOT.

Un Persan ?

BOBICHETTE.

Non, un cuisinier.

MADAME ANGOT.

Ah! tiens...

BOBICHETTE.

Il l'avait aperçu sur le toit...

MADAME ANGOT.

Qui ?

BOBICHETTE.

Le chat donc !

MADAME ANGOT.

Comment ! le shah...

BOBICHETTE.

Je ne pouvais pas l'empêcher d'y grimper.

MADAME ANGOT.

Quel drôle de souverain !

BOBICHETTE.

Un souverain, Minet ?

MADAME ANGOT.

Comment! le shah s'appelait Minet?

BOBICHETTE.

Eh ben, est-ce que ce n'est pas un nom de chat?

MADAME ANGOT.

Si!... mais...

CRIS.

Vive le shah de Perse!

MADAME ANGOT remontant.

Qu'est-ce que c'est que ça ?

BOBICHETTE.

Ah! c'est le shah qui arrive.

MADAME ANGOT.

Le shah, Minet ?

BOBICHETTE.

Mais non, puisqu'il est en gibelotte.

MADAME ANGOT.

En gibelotte !... Alors, c'est le shah qu'expire. (Nouveaux cris.)

BOBICHETTE.

Et Bastien qui ne vient pas me chercher,.. Ah! j'aperçois Grivet.... Ma foi, tant pis pour Bastien. (Elle va pour sortir.)

MADAME ANGOT, l'arrêtant.

Pardon ! Encore un mot... à quoi reconnaîtrons-nous le shah ?

BOBICHETTE.

Vous reconnaîtrez le chat aux brillants ! (Elle se sauve.)

SCÈNE VI

MADAME ANGOT seule.

... Bastien, Grivet, Minet, le shah de Perse assassiné par un cuisinier, sur le toit, et qui passe en gibelotte coupé par morceaux, au fond d'une casserole... Qu'est-ce que tout ça veut dire ?

CRIS.

Vive le shah de Perse !

MADAME ANGOT.

Encore ! Ah ! jarnicoton, j'veux l'voir aussi moi, ce fameux shah, et brailler comme les autres : Vive le shah de Perse! (Elle sort.)

SIXIÈME TABLEAU

Les jardins de Versailles.

(Le théâtre change et représente les jardins de Versailles. —
Au fond, le palais. — Au quatrième plan, le bassin de
Neptune. — Illuminations générales. — La foule envahit le
théâtre au cri de : Vive le shah de Perse! — Le cortége du
shah de Perse, précédé de trompes, paraît à gauche.—Madame
Angot se précipite sur le théâtre en criant : Vive le shah de
Perse! — Tableau animé. — Le rideau baisse.)

FIN DU PREMIER ACTE

DEUXIÈME ACTE

SEPTIÈME TABLEAU

Les phénomènes de l'année.

(Le théâtre représente un boulevard de Paris.)

SCÈNE PREMIÈRE

MADAME ANGOT, seule, entrant avec un petit ballon ; parlant à
la cantonade.

Eh bien, c'est bon ! — je comprends... mais fallait le dire...
(Descendant, au public.) C'est incroyable! mon Dieu, dire que je
blâme ça, non, ça ne fait de mal à personne, mais c'est d'un
cocasse ! J'entre dans un grand magasin... oh! mais grand,
mais grand... je demande dix sous de cordonnet, trois sous
de fil noir, deux sous d'aiguilles et deux mètres de soie bleue
pour me faire un ridicule comme on en portait de mon temps.
Là-dessus on me donne un ballon. Je dis : « Non, vous vous
trompez..... Deux mètres de soie bleue, deux sous d'aiguilles,
trois sous de fil noir et dix sous de cordonnet.—C'est par-
dessus le marché,» que me dit un joli garçon en me donnant
ceci. (Elle montre le ballon.) Moi, j'accepte sans comprendre, et
me voilà me promenant avec mon ballon à travers le magasin.
On me fait monter à la soie, redescendre aux aiguilles, re-
monter au fil noir, redescendre au cordonnet. Enfin je suis
servie,..... et de retour au comptoir, on me fait mon compte.
Il me revenait onze sous sur une pièce de dix francs... On
me donne onze petits morceaux de papier très-lourds, avec
ces mots imprimés : Grands magasins du Louvre. Moi, je
demande mes onze sous. « Vous les avez, me répond la dame
en me poussant les onze petits morceaux de papier. — Ça des
sous ?—Les sous sont dessous, » me dit cette dame. Et c'était

vrai ! ils avaient eu l'idée ingénieuse de se faire un prospectus
de la monnaie courante ! Eh bien, mais au fait...

Air *du Château-Perdu.*

A nos besoins cela pourrait répondre.
Depuis cent ans ne voit-on pas toujours
Qu'à chaque instant il faut fondre et refondre
Une monnaie, hélas ! n'ayant plus cours ?
Tous les portraits dont chez nous on les couvre
Changent avec tous les gouvernements.
J'aime autant voir les magasins du Louvre,
Ils ont l'espoir de durer plus longtemps !

JEANNE, au dehors.

Fleurissez-vous, mesdames, fleurissez-vous.

MADAME ANGOT.

Tiens, une petite bouquetière, elle est gentille.

SCÈ E II

JEANNE, MADAME ANGOT.

JEANNE.

Air : *Voilà la petite laitière.*

Voilà, voilà la petite marchande,
    Qui veut acheter de mes fleurs ?
Voilà, voilà la petite marchande,
        Qui demande
        Des acheteurs.

    J'arrive du nouveau marché
    Que je voudrais faire connaître,
    Personne ne sera fâché
    Des primeurs que j'aime à promettre,
    Afin d'attirer tout Paris
    Je donne tout au plus bas prix.

Voilà, voilà la petite marchande,
        Etc.

MADAME ANGOT.

Comment, comment, un nouveau marché aux fleurs !

JEANNE.

Oui, madame; quand je dis nouveau, c'est toujours l'ancien.

MADAME ANGOT.

Ah ! l'ancien, c'est le nouveau.

JEANNE.

Mais non, puisque l'ancien on le supprime.

MADAME ANGOT.

Mais c'est vous qui me dites...

JEANNE.

Voilà... On supprime l'ancien, et l'on en crée un nouveau...

MADAME ANGOT.

A la même place ?

JEANNE.

Non, un peu plus loin.

MADAME ANGOT.

Mais ce sont toujours les mêmes fleurs ?

JEANNE.

Oui, mais ce ne sont plus les mêmes bouquetières.

MADAME ANGOT.

Est-ce que vous croyez que ça fait quelque chose ?

JEANNE.

Si ça fait quelque chose ! mais les fleurs ne sont rien, c'est la manière de les offrir qui est tout. Tenez, supposons que vous êtes un monsieur.

MADAME ANGOT.

Pas de ces suppositions-là, s'il vous plaît !

JEANNE.

Eh bien, supposons que vous en êtes plusieurs ; moi d'abord
je ne quitte mon marché que pour vendre mes fleurs là où
il y a beaucoup de messieurs, et je leur dis :

Air : Couplets de *la Veuve du Malabar.*

Voyez, messieurs, voyez l'objet.
　　　　A ma boutique
　　　　Quand la pratique
　　　　Veut un bouquet,
　　　　D'un air coquet
Je dis : Voyez, voyez, messieurs, voyez l'objet.

I

Je fais tout ce qu'il faut pour plaire,
Et des belles fleurs que voici
Quand j'ai paré mon éventaire,
Après m'être parée aussi,
Je répète, sans prendre garde
Aux doux propos des amateurs,
Sans savoir si ce sont mes fleurs
Ou si c'est moi que l'on regarde :
Voyez, messieurs, voyez l'objet,
　　　　Etc.

II

S'il arrive qu'on me demande
Ce que je suis, ce que je fais,
Si l'on s'adresse à la marchande
Sans lui parler de ses bouquets,
S'il est un galant qui me dise :
Est-il un bouquet plus charmant?
J'ai l'air de comprendre autrement,
En présentant ma marchandise :
Voyez, messieurs, voyez l'objet.
　　　　Etc.

MADAME ANGOT.

Eh bien, vous ferez vos affaires, vous. (On entend un grand
bruit au-dessous du théâtre.) Qu'est-ce que c'est que ça ?

4

JEANNE.

Ah ! mon Dieu ! un bruit souterrain... je me sauve. (Elle sort.)

MADAME ANGOT.

Sous mes reins ?

SCÈNE III

MADAME ANGOT, FIGARO.

Le théâtre s'ouvre et l'on voit apparaître la statue du Figaro en pierre.

MADAME ANGOT.

Ah ! quelque chose qui monte. Tiens, Pierrot. . Oh ! la belle statue, la belle statue !... Eh bien ! eh bien !... où donc allez-vous comme ça ?

FIGARO.

Ne faites pas attention, je monte, je monte.

MADAME ANGOT.

Je le vois bien ; mais où montez-vous ?

FIGARO.

Je monte sur la coupole de l'hôtel du *Figaro*.

MADAME ANGOT.

Est-ce que vous ne pourriez pas vous arrêter un instant ?

FIGARO.

Je n'ai rien à vous refuser, d'autant plus que j'ai tout le temps de poser là-haut. (Le piédestal rentre dans le dessous.)

MADAME ANGOT.

Sans trop d'indiscrétion, qui êtes-vous ?

FIGARO.

Un premier prix couronné au concours. Il faut vous dire que le *Figaro*, un journal qui tenait une boutique rue de Rossini, vient de se faire construire un hôtel rue Drouot.

MADAME ANGOT.

Mazette ! il fait donc de bonnes affaires?

FIGARO.

Dame ! quand on a de l'esprit... mais ça, c'est une bêtise.

MADAME ANGOT.

D'avoir de l'esprit ?

FIGARO.

Non ! l'hôtel...

MADAME ANGOT.

Pourquoi ?

FIGARO.

Air *de l'Apothicaire.*

Son logement sera plus beau,
Mais plus d'un esprit perspicace
Déjà prétend que Figaro
Ru' Drouot n'est pas à sa place ,
Et que l'on avait mieux choisi
Le vrai lieu de son domicile
Quand on avait ru' Rossini
Logé le barbier de Séville.

MADAME ANGOT.

C'est possible, mais pour en revenir à vous...

FIGARO.

Moi je le représente.

MADAME ANGOT.

Il se fait représenter par une statue! Ce journal n'est donc pas dans le mouvement ?

FIGARO.

Il est bien dans le mouvement si vous voulez, mais ça dépend de la manière dont vous entendez le mouvement !

MADAME ANGOT.

Enfin, racontez-moi votre histoire.

FIGARO.

Il faut vous dire que le journal le *Figaro*, qui ne recule devant aucune dépense et qui voulait se payer une statue de son vivant, s'était adressé à tous les statuaires de sa connaissance, qui tous s'étaient empressés d'envoyer un Figaro en plâtre chez Durand Ruel.

MADAME ANGOT.

Un Figaro en plâtre?

FIGARO.

Oui, madame, c'était un concours de Figaros; il y en avait un qui posait comme ça, un autre comme ceci, un troisième de cette façon; il y en avait même un qui ressemblait à Paulin Ménier dans le *Courrier de Lyon*. Moi, je posais comme ça!
(Il reprend la pose qu'il avait à son apparition.)

MADAME ANGOT.

Ah! c'est charmant!

FIGARO.

N'est-ce pas, c'est gentil?.. mais ça n'est pas ça qui m'a fait recevoir!

MADAME ANGOT.

Vous croyez?

FIGARO, montrant son rasoir.

Non, c'est ceci.

MADAME ANGOT.

Un rasoir?

FIGARO.

Oui! Pour raser mes abonnés... sans compter que du hau de mon belvédère, je me promets de l'agrément.

AIR : *Maman, les p'tits bateaux.*

Je verrai de là-haut,
Et sans jamais quitter ma place,
Je verrai de là-haut
Ce qui se passe
Ru' Drouot.
A ce poste joyeux,

Où je prendrai des notes,
Je verrai les cocottes
Trottiner sous mes yeux.
J'en verrai se payer
Des calèches nouvelles
Pour éclabousser celles
Qui marcheront à pied.

A ce poste je tiens :
Il passe plus d'une fillette
De la ru' Lafayette
Au boulevard des Italiens.

Je verrai les bijoux
Que des femmes charmantes
Font à l'hôtel des ventes
Revendre à des prix fous.
Et je verrai les nez
Qu'à ces ventes faciles
Font tous les imbéciles
Qui les leur ont donnés.

Mais à mes yeux tournés
Vers la rue où tout cela passe,
Une chose cocasse
Sera de voir nos abonnés.

Chez nous, nous recevrons
Les acteurs, les actrices,
Le monde des coulisses
Et celui des salons,
Le monde financier,
Le monde scientifique,
Le monde politique,
Enfin le monde entier.

Craignant d'être éreinté,
Ou pour savoir qui l'on éreinte,
L'un s'abonne par crainte,
L'autre par curiosité.

Je verrai nos lecteurs
Nous lire avec ivresse,
Je verrai nos auteurs
Et tous nos rédacteurs :

4.

Mais mon plus grand bonheur
Sera de voir sans cesse
De mon poste d'honneur
Passer mon directeur.
O Richard ! ô mon roi,
Disait Blondel, et moi de même,
Moi,
De même, je t'aime,
O mon directeur, ô mon roi.

ENSEMBLE.

MADAME ANGOT.

O Richard ! ô mon roi,
Disait Blondel, et lui de même,
C'est toi, c'est toi
Qu'il aime,
O son directeur, ô son roi.

FIGARO.

O Richard, ô mon roi,
Etc.

MADAME ANGOT.

Si bien que chéri des uns, redouté des autres, vous n'avez que des admirateurs.

FIGARO.

Que des admirateurs, en effet. (Bruit de voix dans la coulisse.)

FIGARO, regardant à la cantonade.

Ah ! sangodémi !

MADAME ANGOT.

Quoi donc ?

FIGARO.

Où me cacher ?

SCÈNE IV

Les Mêmes, UN COCHER, M. GOBE-MOUCHE, UN JEUNE
HOMME, UNE JEUNE DAME, Foule de Bourgeois et de
Bourgeoises, ensuite une ÉCAILLÈRE.

LE COCHER, qui vient d'entrer.

Ah ! le voilà, le voilà.

CHŒUR.

Air : *Vengeance ! vengeance !*

Oui, c'est lui, le voilà.
Vengeance, vengeance, vengeance !
Plus d'indulgence,
C'est trop d'offense,
Et l'on verra
Qui le dernier rira.

MADAME ANGOT, protégeant la statue de Figaro.

Eh bien, eh bien, voulez-vous ne pas y toucher ! Qu'est-ce
qu'il vous a fait ?

TOUS ENSEMBLE.

Ce qu'il nous a fait ! Mais un tas de méchancetés, de noir-
ceurs, des médisances, des calomnies.

MADAME ANGOT.

Ah ! parlez les uns après les autres.

LE COCHER.

Eh bien, il m'a fait mettre à pied, voilà ce qu'il m'a fait

GOBE-MOUCHE.

Il m'a envoyé à Enghien en train de plaisir.

LA JEUNE DAME.

Il a fait savoir à mon mari que je le trompais.

MADAME ANGOT.

Et c'était vrai ?

LA JEUNE DAME.

Vrai ou faux, ça ne doit pas se dire !

LE JEUNE HOMME.

Moi, voilà trois mois que je l'asticote, que je l'insulte, que je le provoque dans mon nouveau journal, la *Grenouille enchantée*. Je dis que c'est un gueux, un gredin, un scélérat, tout ça pour qu'il me réponde, et il ne me répond pas.

MADAME ANGOT.

Parce qu'il est bon.

FIGARO.

Oui ! c'est cela !

LE JEUNE HOMME.

Non, madame, c'est pour ne pas me faire une réclame dont j'ai besoin.

TOUS ENSEMBLE.

C'est une indignité, et ça ne peut plus marcher comme ça, parce que...

MADAME ANGOT.

Ah ! parlez tour à tour. Voyons ! (Au cocher.) Vous d'abord, qu'est-ce que vous lui reprochez ?

LE COCHER.

Il a dit que j'avais fait payer comme une voiture à trois places ma voiture qui n'en a que deux.

FIGARO.

Et c'était vrai, les deux dames sont venues se plaindre à la rédaction.

LE COCHER.

Oui, mais elles n'ont pas dit que l'une d'elles était devenue mère pendant le trajet, ça fait donc trois voyageurs.

MADAME ANGOT.

Ah! si pendant le trajet l'une d'elle s'est fait mère...

LE COCHER.

Ah! vous voyez bien.

GOBE-MOUCHE.

Moi, il m'a fait croire que pour dix francs je m'amuserais toute une journée à Enghien, que j'y déjeunerais, que j'y dinerais, et en arrivant on m'a fait boire de l'eau sulfureuse pour m'ôter l'appétit. J'en ai été malade pendant huit jours.

L'ÉCAILLÈRE, paraissant au milieu.

Eh bien, et moi donc, c'est bien pis.

FIGARO.

Sapristi! Une écaillère!

L'ÉCAILLÈRE.

Figurez-vous, vous autres, que monsieur me fait concurrence. Voilà que le *Figaro* vient d'inventer de nouvelles huîtres, des huîtres de Sainte-Anne, oùsque soi-disant on n' trouve que des perles fines, et pour les faire mousser il débine l'ostende, il rabaisse la marennes, il mécanise le pied de cheval.

FIGARO.

Moi, je mécanise le pied de cheval?

L'ÉCAILLÈRE.

Oui tu le mécanises... et en faveur de la sainte-anne... Tu te seras peut-être dit : Vu le grand nombre de *mes* abonnés: faut bien que je fasse quelque chose pour les huîtres!

FIGARO.

Oh! madame!

MADAME ANGOT.

Bien tapé, ça!

L'ÉCAILLÈRE.

Pardine! si tu crois qu'on n'a pas vu la malice... Ce nouveau bazar que tu fais élever, c'est un nouveau parc aux huîtres.

FIGARO.

Horreur!

L'ÉCAILLÈRE.

Après ça, c'est peut être que tu trouves que tes articles
ne sont pas assez salés, et que tu veux donner en prime
une douzaine d'huîtres à tes lecteurs.

TOUT LE MONDE riant.

Ah! ah! ah! ah!

FIGARO.

Caràmbá! mais je suis bien bête. Je ne sais pas pourquoi
vous me dites tout ça, à moi, je n'y suis pour rien. Le *Figaro*, ce n'est pas moi, je ne suis que sa statue.

TOUS.

Sa statue!

FIGARO.

Mais oui, vous savez, la merveille, le chef-d'œuvre, tenez,
regardez-moi ça, comme c'est taillé.

GOBE-MOUCHE.

Une statue.

LE COCHER.

Il faut la briser.

FIGARO.

Hein?

TOUS.

Oui, brisons-la.

FIGARO, se sauvant.

Eh! pas de bêtises.

TOUS.

(Reprise du chœur d'entrée.)

Brisons-la! brisons-la!
Vengeance! vengeance! vengeance!
Plus d'indulgence,
C'est trop d'offense,
Et l'on verra
Qui le dernier rira.

(Figaro se sauve poursuivi par la foule.)

SCÈNE V

MADAME ANGOT, seule.

Ils vont la mettre en morceaux... c'est égale il faudra que
je m'abonne au *Figaro* et que je goûte ses huîtres. An-
cienne marchande de marée, j' m'y connais.

GACHETTE, en dehors.

Oh ! ohé ! La Rose, une truelle au sâs.

MADAME ANGOT.

Tiens ! qu'est-ce qui m'arrive donc là ?... Ah ! par exemple, pour du nouveau, v'là du nouveau !

SCÈNE VI

LES MÊMES, GACHETTE, LA ROSE, LA TULIPE, UNE
DIZAINE D'AUTRES FEMMES, toutes en maçons et portant tous les
outils de l'état.

CHŒUR.

AIR : *Ronde des Dieux.* (ORPHÉE AUX ENFERS.)

Travaillons, travaillons ;
Ici remplaçons
Les manœuvres et les maçons ;
Travaillons, travaillons,
Vite nous irons
Dans les travaux que nous ferons.

GACHETTE.

Aux maçons faisant concurrence
Et travaillant à juste prix,
Pour nous faire connaître en France
Nous venons de Vienne à Paris.

TOUTES.

Travaillons,
Etc.

MADAME ANGOT.

Comment! comment! Vous arrivez de Vienne ; est-ce qu'à Vienne les femmes sont maçons?

GACHETTE.

Et pourquoi pas? Faut-il vous bâtir quelque chose, la petite mère ?

LA ROSE.

Une maison, une chaumière, un palais ?...

LA TULIPE.

Parlez, faites-vous servir !

MADAME ANGOT.

Mais, faibles femmes que vous êtes...

GACHETTE.

Faibles ! nous !... mais r'gardez-moi donc ces bras-là! c'est pas d'la chair, ça, c'est du granit, et gâché serré par la nature.

LA ROSE.

Aussi faut voir comme les travaux marchent à Vienne.

LA TULIPE.

Ah ! oui, ça va un peu plus vite qu'à Paris.

MADAME ANGOT.

Le fait est que je ne sais pas si c'est la faute des maçons... mais je me suis laissé dire qu'à Paris on ne finissait rien.

GACHETTE.

Qu'on nous mette à l'épreuve, avec nous les maisons montent comme par enchantement. Nous avons terminé le grand opéra de Vienne en deux ans.

MADAME ANGOT.

Ah! bah! alors ce n'est pas comme celui de Paris... Et faites-vous le lundi?

GACHETTE.

Jamais! nous ne faisons que le dimanche.

MADAME ANGOT.

Ah ! le dimanche !...

LA ROSE.

Dame, c'est bien naturel.

LA TULIPE.

Le dimanche, nous nous reposons.

GACHETTE.

Si l'on peut appeler ça se reposer.

MADAME ANGOT.

Qu'est-ce que vous faites donc le dimanche?

GACHETTE.

Oh ! ce serait difficile à vous dire.

MADAME ANGOT.

Bah ! entre femmes.

GACHETTE.

Eh bien, nous sortons avec nos amoureux.

LA ROSE.

Nous allons à la campagne.

LA TULIPE.

Nous courons, nous sautons, nous dansons...

MADAME ANGOT.

Et cætera, et cætera, et cela après avoir maçonné toute la semaine.

GACHETTE.

Bah ! nous travaillons en chantant.

MADAME ANGOT.

Et que chantez-vous?

GACHETTE.

Tout ce qui nous passe par l'esprit.

RONDE DES FEMMES MAÇONS.

AIR : *nouveau de* M. ANTONIN LOUIS.

Debout sur nos échafaudages,
Travaillant aux regards de tous,
Nous nous moquons des bavardages
Que l'on pourrait faire sur nous.
Cet état, nous donnant des forces,
Sert à développer nos torses,
Il rend plus solides nos bras
Et plus robustes nos appas.
Aussi portons-nous la truelle
   D'un air gracieux et fier,
Et quand nous montons à l'échelle
Tout le monde a le nez en l'air.

(Parlé.) Hoé !... La Tulipe.... une truellée et ma pipe.

TOUTES LES FEMMES.

Voilà.

GACHETTE.

Compagnonnes
Follichonnes,
Compagnonnes
Du devoir,
Hommage
A notre courage.
A l'ouvrage
Il faut nous voir.

REPRISE ENSEMBLE.

GACHETTE.

II

Un jour, une jeune maçonne,
Qu'adorait un riche mortel,
Par lui fut chargée en personne
D'élever un brillant hôtel.
Le galant la voit à l'ouvrage,
Qui la montre à son avantage ;
Et quand l'hôtel fut terminé,
Au lieu d'un pourboire donné :

Viens, lui dit-il, jeune ouvrière,
Près de moi reste toujours,
Tes mains ont fait ce nid de pierre,
Qu'il soit celui de nos amours.

(Parlé.) Hoé !... La Rose ?... Gâche clair, que je me repose.

· TOUTES.

(Parlé.) Voilà.

GACHETTE.

Compagnounes.
Etc.

III

Et puis, c'est un grand avantage,
Un amoureux dans certains cas
Monte sur un échafaudage
Où les maris ne grimpent pas.
De tout danger l'amour se joue.
Aussi, franchement je l'avoue,
Il est rare qu'un bâtiment
Se termine sans accident.
Mais dans nos chutes qu'on déplore,
Ici, je ne le dis qu'à vous,
Souvent nos maris sont encore
Beaucoup plus exposés que nous.

(Parlé.) Hoé ! Sans-Souci, gâche-moi du crépi !... les travaux sont finis.

TOUTES.

(Parlé.) Voilà.

GACHETTE.

Compagnounes,
Etc.

(Après la reprise on entend une voix dans la coulisse qui crie.)
Voulez-vous pas remuer là-dedans.

MADAME ANGOT.

Ah ! tiens, on traîne quelque chose de ce côté.

GACHETTE.

Eh bien, nous nous amusons là, et le troquet nous attend
pour la soupe.

TOUTES.

A la soupe ! (Elles sortent en reprenant le refrain.)

SCÈNE VII

MADAME ANGOT, UN HOMME traînant une grande caisse ; ensuite
L'HOMME CHIEN et SON FILS, puis BARNUM.

MADAME ANGOT.

Qu'est-ce que c'est donc que ça ?

L'HOMME, s'arrêtant au milieu du théâtre.

Ouf ! j'en peux plus !

MADAME ANGOT.

Qu'est-ce que vous traînez donc là, vous ?

L'HOMME.

Ah ! ne m'en parlez pas, ceux qui sont là-dedans seraient
bien mieux à ma place !

MADAME ANGOT.

Bah ! il y a du monde là-dedans ?

L'HOMME.

Il y a du monde si l'on veut. Je traîne l'homme-chien et
son fils.

MADAME ANGOT.

L'homme-chien !

L'HOMME.

C'est un chien de monde qui me fait faire un métier de
chien.

MADAME ANGOT.

Mais qu'est-ce que c'est donc que l'homme-chien ?

BARNUM, qui vient.

L'homme-chien, une merveille, l'un des phénomènes les
plus intéressants de l'histoire naturelle. Et à qui le doit-on ?

A moi, à moi, le grand, le véritable, le seul Barnum ! (Ici trois coups de grosse caisse à l'orchestre.)

MADAME ANGOT.

Ce monsieur s'annonce bien... mais cela ne m'apprend pas...

BARNUM.

Avez-vous lu les ouvrages d'un nommé... ah ! tiens, ce nom m'échappe, enfin un de nos hommes les plus *littrés* ?

MADAME ANGOT.

Je n'ai rien lu du tout.

BARNUM.

Alors, ça me met à mon aise. Figurez-vous que ce monsieur-là prétend que l'homme descend du singe.

MADAME ANGOT, le regardant en riant.

Eh ! eh ! ça ne m'étonnerait pas....

BARNUM.

Il le prouve. L'homme descend du singe, et la femme de sa compagne.

MADAME ANGOT.

Ah ! gue non !... (Se reprenant.) Ah ! que non !

BARNUM.

Puisque c'est prouvé !

MADAME ANGOT.

Comment !... vous voulez que j'admette que des êtres jolis comme nous...

BARNUM.

Mais ce n'est rien encore ! Certainement, quand on est obligé de se dire qu'on a eu pour ancêtres un gorille ou un orang-outang, c'est désagréable.... Mais savez-vous ce qui nous est prouvé aujourd'hui ?

MADAME ANGOT.

Non.

BARNUM.

C'est que l'homme, qui descend du singe, retourne au chien.

MADAME ANGOT.

Vous croyez?

BARNUM.

J'en suis sûr. L'espèce, qui s'était améliorée, redégénère ; la fourrure de nos premiers parents, qui était devenue chevelure, redevient poil; l'habitant des bois, qui était devenu le citoyen du monde civilisé, redevient l'habitant des basses-cours. Il avait commencé par ne rien dire, il a beaucoup trop parlé depuis, et il va finir par aboyer. Voilà la destinée humaine!

MADAME ANGOT.

Ecoutez-moi... si tout ce que vous me dites ne sert qu'à me prouver que l'homme est bête, nous sommes d'accord ; mais prétendre qu'il était singe, oser me dire qu'il deviendra chien... Ah ! non ! ah ! non !

BARNUM.

Puisqu'on vous dit que cela commence.

MADAME ANGOT.

Eh ! bien, tant que je n'aurai pas vu...

BARNUM

Vous voulez voir, c'est facile... je vais vous montrer l'homme chien et son petit.

MADAME ANGOT.

Et bien ! vrai, je ne suis pas curieuse, mais...

BARNUM, ouvrant la caisse.

Voilà ! (L'homme chien et son fils apparaissent et se mettent à aboyer.)

MADAME ANGOT, reculant.

Ah !...

BARNUM.

Vous avez eu peur ?

MADAME ANGOT.

Tiens ! ils n'auraient qu'à être enragés !

BARNUM.

Pas de danger.

AIR : *Faut de la vertu.*

Hélas ! tout le monde en convient,
Voilà ce que l'homme devient.
Nobles, bourgeois et plébéiens
Ne s'ront bientôt plus que des chiens,
On n'aura plus besoin d'culottes,
Et la preuve que ça s'peut fort bien,
C'est qu'les gommeux et les cocottes
S'vantent déjà d'avoir du chien.

REPRISE.

Hélas ! tout le monde...
       Etc.

MADAME ANGOT.

Ces métamorphos' accomplies,
Sans regrets nous pourrons, hélas !
Supprimer l' jardin des Tuil'ries,
Puisque là les chiens n'entrent pas.

REPRISE.

Hélas ! tout le monde...
       Etc.

BARNUM.

Sans loi, sans principe, sans ordre,
On nous verra nous rassembler,
Et comme nous pourrions nous mordre,
Nous-même' il faudra nous mus'ler.

ENSEMBLE.

Hélas ! tout le monde...
       Etc.

(Pendant le dernier couplet, le fils de l'homme-chien s'est permis de lever la jambe sur la robe de madame Angot.)

BARNUM.

Qu'en dites-vous ?

MADAME ANGOT, furieuse.

Je dis que ce sont deux monstres ! (L'homme-chien et son fils rentrent dans la case, qui se referme sur eux.)

BARNUM.

Deux monstres ; mais les monstres sont la *great attraction* pour les Parisiens. On ne fait plus attention, à Paris, à une jolie femme, mais qu'on annonce une horreur quelconque... Tiens, en parlant d'horreur, voulez-vous voir ma femme à deux têtes ?

MADAME ANGOT.

Deux têtes pour une seule femme, en voilà une qui doit jacasser !

BARNUM.

Paraissez, Millie-Christine.

SCÈNE VIII

BARNUM, MADAME ANGOT, MILLIE-CHRISTINE. (Elle sort de la boîte où est entré l'homme-chien.)

AIR : *nouveau de* M. DEACHE.

CHRISTINE.

Vous voyez en moi Christine.

MILLIE.

Vous voyez en moi Millie.

CHRISTINE.

Pas de Millie sans Christine.

MILLIE.

De Christine sans Millie.

CHRISTINE.

Tout ce qu'éprouve Christine

MILLIE.

Est éprouvé par Millie.

CHRISTINE.

Bref, je suis Millie-Christine.

MILLIE.

Je suis Christine-Millie.

MADAME ANGOT.

Elles parlent donc français ?

BARNUM, la regardant.

Jamais en public; mais pour vous que ne ferais-je pas ?

MADAME ANGOT, à part.

Comme il me regarde ! voudrait-il me fourrer dans sa collection ?

BARNUM.

Vous pouvez les interroger.

MADAME ANGOT.

Volontiers. Mesdemoiselles ?

CHRISTINE.

Pardon... Mademoiselle... pas mes... ma !

MILLIE.

Nous ne sommes qu'une.

MADAME ANGOT.

Qu'une ! Et quel fortuné pays vous a vues naître?

CHRISTINE.

Les États...

MILLIE.

Unis !

MADAME ANGOT.

Unis, en effet, il est impossible de l'être davantage. On peut dire que voilà une fusion qui a réussi !

5.

BARNUM, à madame Angot.

Pincez le mollet de Christine.

MADAME ANGOT.

Pourquoi faire?

BARNUM.

Vous allez voir. (Madame Angot pince le mollet de Christine.)

MILLIE, vivement.

Eh bien ! voulez-vous pas me pincer !

MADAME ANGOT.

Tiens ! ce que l'on fait à l'une...

BARNUM.

L'autre le ressent également !

MADAME ANGOT.

Attendez !... Nous allons voir. (Elle prend sa tabatière et donne une prise à Christine... Millie éternue.) Tiens ! c'est drôle ! (Elle repasse près de Millie et lui met une prise de tabac dans la bouche, Christine fait la grimace.) Ah ! c'est curieux, par exemple !

BARNUM.

Mais leurs têtes ne pensent pas de même.

MADAME ANGOT.

Bah !

BARNUM.

Christine a un caractère de feu... elle est très-amoureuse,

MADAME ANGOT.

Tiens, tiens ! Et Millie?...

BARNUM.

Froide comme la glace !

MADAME ANGOT.

Ça doit être gênant pour Christine.

BARNUM.

Et pour Millie aussi !

MADAME ANGOT.

Elles ont des petits talents de société ?

BARNUM.

Elles jouent du piano...

MADAME ANGOT.

A quatre mains !

BARNUM.

Et valsent en chantant.

MADAME ANGOT.

Une valse à quatre pas... Est-ce que je pourrais voir ça ?

BARNUM, la regardant.

Pour vous, belle dame, rien d'impossible.

MADAME ANGOT.

Décidément il veut m'y fourrer dans sa collection !

BARNUM.

Commencez, Millie-Christine.

MILLIE-CHRISTINE.

AIR : *nègre.*

I

Nous, venir de Domingo,
De Mexico,
Avoir traversé le Dongo,
Et Saint-Malo,
Et Lonjumeau.
Avoir gaîté, santé
Et p'tits talents de société.
Charmer nigauds,
Badauds,
Pour gagner bientôt
Un magot.

Nous vouloir, comme chez nous,
Danser jolis pas de bambous;
Nous vouloir épater vous.

(Elle danse sur le refrain.)

II

Nous regretter beau pays
Où nous mangions du bon maïs,
Et des rôtis
De colibris
Avec du riz;
Nous regretter serpents,
P'tits sapajoux bien caressants.
Nous faire risette à vous
Pour vous carotter des gros sous.
Nous vouloir, comme chez nous,
Danser jolis pas de bambous;
Nous vouloir épater vous.

(Reprise de la danse. Après, on entend un grognement des lions.)

MADAME ANGOT, bondissant.

Saperlipopette! qu'est-ce que c'est que ça?

BARNUM.

Le plus *great* de mes exhibitions monstrueuses... Delmonico, le dompteur de lions.

MADAME ANGOT.

Des lions...

BARNUM.

Aux Folies-Bergères.

MADAME ANGOT.

Des Folies-Bergères... Le fait est que c'est une folie pour
une bergère de prendre des lions pour des moutons!...

BARNUM.

Restez là, ne bougez pas, observez et vous allez juger de
la nature de mes phénomènes.

SCÈNE IX

LES MÊMES, DELMONICO.

(Delmonico paraît à la tête de ses lions, au nombre de sept.)

MADAME ANGOT.

Ah! polisson de sort!

BARNUM.

Ne bougez pas, ils sont domptés.

DELMONICO, après avoir passé en revue ses lions, va à madame Angot et lui parle en langue étrangère.

MADAME ANGOT.

Oui, bon nègre, vous devez avoir rai-on... mais moi pas comprendre... Ne pourriez-vous m'expliquer cela dans une autre langue?

DELMONICO.

Yes... moi parler le langue américaine; le langue africaine est la langue de lion.

MADAME ANGOT.

Ah! vous parlez lyonnais?

DELMONICO.

Yes... puisque je suis dompteur de lions!

MADAME ANGOT.

Ah! c'est vrai..... vous avez même le teint marron de Lyon..... Eh bien, pouvez me dire en cette langue comment vous vous y prenez pour dompter ces rois de 'a création?

DELMONICO.

Yes... Je faisais peur à eux... Tenez, celui-là.. approchez!... il est très-gentil... (Madame Angot hésite) Oh! n'ayez pas peur, c'est le petit Alfred... (Madame Angot s'approche et le caresse.) Il a déjà mangé deux dompteurs.

MADAME ANGOT, se sauvant.

Il les a mangés !...

DELMONICO.

Yes, parfaitement, avec le bouche...

MADAME ANGOT.

Mais comment les domptez-vous ?

DELMONICO.

Vous allez voir. (Il met une paire de lunettes qui représentent de gros yeux.) Voyez-vous, il faut de l'œil... seulement n'en dites rien ! (Grande scène de domptage et lutte avec les animaux.)

CHRISTINE, après la scène.

Oh ! qu'il est beau !

MILLIE à Christine.

Eh bien !... eh ! bien ! Christine...

DELMONICO, apercevant Christine.

Oh ! belle personne !... femme double... moi adorer femme double...

CHRISTINE.

Moi, aussi, adorer beau nègre.

MILLIE.

Ah ! mon Dieu !... que me faites-vous dire là ?

CHRISTINE.

Moi, je t'aime !

MILLIE.

Moi, non !

DELMONICO.

Si toi m'aimes, moi mettre mes sept lions à tes jolis petits pieds.

CHRISTINE.

Où ferons-nous la noce ?

DELMONICO.

A la Boule-Noire.

CHRISTINE.

Moi, vouloir bien.

MILLIE.

Moi, pas vouloir.

DELMONICO.

Moi, me moquer de toi... et moi embrasser elle.
(Il va pour embrasser Christine. Millie lui donne un soufflet.)

CHRISTINE, à Millie.

Tu m'ennuies !

MILLIE, à Christine.

Et toi aussi !

CHRISTINE.

J'en ai assez de ton voisinage !

MILLIE.

Moi, j'en ai de trop !

CHRISTINE.

Eh bien ! séparons-nous !

MILLIE.

Séparons-nous ! (Elles se bousculent et se détachent. — Delmonico se trompe, prend Millie sous son bras et se sauve... Christine court après en lui criant : C'est pas elle !. c'est moi ! Delmonico lâche Millie, reprend Christine sous son bras et se sauve suivi de tous ses lions. Millie sort derrière en tenant un lion par la queue.)

BARNUM.

Elles ont débiné le truc ! (Il se sauve. — Changement à vue.)

HUITIÈME ET NEUVIÈME TABLEAUX

Le salon de peinture.

SCÈNE PREMIÈRE

MADAME ANGOT, seule.

Comment ! elles se dédoublent, elles brisent les liens de la nature. Mais ça ne s'est jamais vu !... des horreurs pareilles. Ah ! j'en ai assez, et je redemande d'autres nouveautés parisiennes....

SCÈNE II

MADAME ANGOT, LE SALON.

LE SALON, paraissant.

Et que tu as bien raison ! les nouveautés parisiennes, il n'y a que ça !...

MADAME ANGOT.

Qui êtes-vous... vous ?

LE SALON.

Je ne suis rien... et je suis tout, appelle-moi la Peinture, la Sculpture, le Salon, le Génie des beaux-arts... appelle-moi comme tu voudras, je suis l'esprit qui préside aux expositions annuelles du palais de l'Industrie.

MADAME ANGOT.

Et qu'est-ce que vous exposez là ?

LE SALON.

Des statues, des tableaux.

MADAME ANGOT.

Les statues, je trouve ça joli, mais ça me fait rougir, je préfère les tableaux... oh ! les tableaux, j'adore ça. Vite, menez-moi à l'Exposition.

LE SALON

Oh! l'époque en est passée; mais en vertu de mon pouvoir discrétionnaire, je puis, si tu veux, te montrer les deux ou trois toiles devant lesquelles on s'est le plus arrêté au printemps.

MADAME ANGOT.

Oh! oui, vite! vite! montrez-moi ça.

LE SALON.

Tu le veux?... Regarde! (Il fait un geste, le fond s'ouvre et paraît le tableau de l'Italienne qui rit avec son enfant sur ses genoux.)

MADAME ANGOT.

Tiens! une mère qui joue avec son enfant. Ah! comme elle rit, et la petite fille!... (Riant.) Eh! eh! eh! eh! S'en donne-t-elle!...

LE SALON.

AIR : *Et j'en rends grâce à la nature.*

Vois cet enfant comme il est beau,
Et la mère, qu'elle est nature !

MADAME ANGOT.

Certes, j'admire ce tableau,
Où l'art embellit la nature.
Au Salon, nous savons cela,
Souvent la femme est trop nature ;
Mais on habilla ces deux-là,
Et j'en rends grâce à la nature.

(Le tableau disparaît.)

MADAME ANGOT.

Oh! je suis contente d'avoir vu ça, la petite fille surtout; Tiens, ça me fait penser que je n'ai pas encore vu la mienne.

LE SALON.

Maintenant, je vais te montrer l'œuvre d'un artiste fantaisiste.

MADAME ANGOT.

Qu'est-ce que c'est que ça, un artiste fantaisiste ?

LE SALON.

Si tu comprends mieux : bizarre, original, étrange.

MADAME ANGOT.

Ah! bon, un toqué!

LE SALON.

Toqué, si tu veux... Tiens, regarde.

DIXIÈME TABLEAU

Le bon bock.

(Le rideau du fond s'ouvre de nouveau. On voit un homme fumant une pipe, appuyé sur une table où se trouve un bock.)

MADAME ANGOT, se sauvant.

Ah! saperlotte!

LE SALON.

Eh bien, où vas-tu donc?

MADAME ANGOT, se retournant.

Ah! je me trompais...

LE SALON.

Que croyais-tu voir?

MADAME ANGOT.

Je croyais que c'était encore l'homme-chien!

LE SALON.

Mais non, c'est le bon bock.

MADAME ANGOT.

Ah! ce monsieur s'appelle Bock.

LE SALON.

Mais non, le bon bock c'est le verre de bière qu'il tient à la main.

MADAME ANGOT.

Tiens... pourquoi donc que sa main a huit doigts ?

LE SALON.

C'est la réverbération de sa main dans le marbre de la table.

MADAME ANGOT.

Tiens ! tiens ! tiens !... c'est vrai, c'est une observation de l'artiste. Il a remarqué que lorsqu'on prend un bock sur une table de marbre on a huit doigts.

LE SALON.

Eh bien ! qu'en dis-tu ?

MADAME ANGOT.

Je dis que ce monsieur qui va prendre une canette est un sujet bien intéressant. (Le tableau disparaît.)

LE SALON.

AIR : *Je loge au quatrième étage.*

C'est de l'école réaliste :
Dans cette école du progrès
Tout le mérite de l'artiste
Consiste à ne flatter jamais
Ni les hommes ni les objets.
Elle ne connaît pas d'idole,
Elle peint l'homme tel qu'il est ;
Et voilà pourquoi cette école
N'arrive qu'à le peindre en laid.

MADAME ANGOT.

Et on s'est arrêté devant ce monsieur-là ?

LE SALON.

Oui, pour en rire !

MADAME ANGOT.

Bah ! on rit donc au salon ?

LE SALON.

Pas toujours. Tiens, je vais te montrer un tableau qui a eu tout l'honneur de l'exposition et devant lequel on ne riait pas, je te le jure. Les *Dernières cartouches*. Regarde!

ONZIÈME TABLEAU

Les dernières cartouches.

(Le rideau se rouvre et laisse voir le tableau de M. de Neuville reproduit avec des personnages de grandeur naturelle.)

MADAME ANGOT, poussant un cri d'admiration.

Oh! superbe!

LE SALON.

AIR : *nouveau de M.* DIACHE.

Vous le voyez, même dans ses revers,
　　Un grand peuple ici se dévoile,
Il peut encor étonner l'univers,
Même au moment où pâlit son étoile!
Après la guerre, oubliant ses douleurs,
Plein de courage, il se remet à l'œuvre,
Ainsi la France ennoblit ses malheurs
Et d'un désastre elle fait un chef-d'œuvre.

MADAME ANGOT.

Voilà un succès que je comprends!

LE SALON.

Et maintenant, si tu veux voir un tableau plus saisissant encore, et qui s'est passé en action, viens, je vais te le montrer.

MADAME ANGOT.

Et ce tableau s'appelle?

LE SALON.

La *Libération!*

DOUZIÈME TABLEAU

La libération.

(Le théâtre change et représente un village dont toutes les portes et les fenêtres sont fermées. Pas un être dans les rues. On entend, venant du fond du théâtre, une musique militaire qui s'éloigne en jouant une marche prussienne. Quand la musique a presque cessé de se faire entendre, une porte s'ouvre, puis une seconde, puis une troisième. — Un paysan d'abord, puis deux, puis trois se montrent et, sur la pointe du pied, se dirigent vers le chemin où les derniers accords de la musique se font entendre. Là, ils écoutent encore; puis, quand le bruit a tout à fait cessé, tous trois s'embrassent et redescendent en se serrant les mains. A ce moment un carillon se fait entendre avec un tintement joyeux. Toutes les fenêtres s'ouvrent et arborent un drapeau tricolore au milieu de guirlandes de fleurs. En même temps, de toutes les portes, sort une foule endimanchée, on se réunit, on s'embrasse, on remonte sur le chemin parcouru déjà, on se montre au loin le régiment qui vient de partir, on redescend plein d'ivresse, puis on écoute encore. D'un autre côté, et tout à fait au loin, une seconde musique militaire se fait entendre. Elle se rapproche bientôt. Alors tous les bras se lèvent, les chapeaux sautent en l'air, la plupart des femmes redescendent encore, semblent causer entre elles et rentrent dans les maisons. Bientôt les fenêtres et le toit des maisons se couvrent de monde; la marche militaire française se fait distinctement entendre. — Il n'est resté en scène que des enfants et des jeunes gens qui gambadent au fond. Mais à un moment donné, ce groupe fait volte-face, et, marchant au pas, il précède un régiment de ligne, dont les tambours paraissent au fond, précédés de la musique. — La foule envahit le théâtre... On court au-devant des soldats. Tous les drapeaux s'agitent, et quand le régiment traverse le théâtre, une pluie de fleurs tombe de toutes les maisons au cri mille fois répété de : VIVE LA FRANCE!)

FIN DU DEUXIÈME ACTE.

TROISIÈME ACTE

TREIZIÈME TABLEAU

Le théâtre de madame Angot.

SCÈNE PREMIÈRE

MADAME ANGOT, UN ARCHITECTE, Peintres, Costumiers, Entrepreneurs de toutes sortes.

(Au lever du rideau, madame Angot est environnée de plusieurs personnes. Elle est auprès d'une table, sur laquelle on voit des plans, des mémoires, des dessins, etc.)

CHŒUR.

Air :

Gloire à notre directrice,
Dont les projets sont nouveaux,
Et que le destin propice
Récompense ses travaux.

MADAME ANGOT.

Oui, monsieur l'architecte, voici mes idées : Vous mettrez les avant-scènes au fond de la salle, ce sont les places les plus chères, et l'on n'y voit jamais ; il est vrai que ce n'est pas pour y voir qu'on y vient ; mais je n'entre pas dans ces raisons-là. Ah ! monsieur le peintre, je vous recommande de varier les couleurs : première galerie, rouge ; seconde, bleue ; troisième, pistache ou marron d'Inde ; enfin des couleurs voyantes ! Pas d'or, pas de blanc... on ne voit que ça partout ! Monsieur l'entrepreneur, voilà votre mémoire ; il est approuvé, entendez-vous avec l'architecte. Quant à vous tous, costumiers, costumières, employés, repassez demain matin, je n'ai rien encore à vous dire.

REPRISE DU CHŒUR.

(Les costumiers, peintres, etc., sortent.)

SCÈNE II

MADAME ANGOT, seule, au public.

Mon Dieu, oui, c'est comme ça ! Moi, la mère Angot, me voilà directrice de spectacle ! Je suis allée voir ma fille, et ce qu'elle m'a raconté de ses triomphes m'a décidée à... Par exemple, c'est une drôle de fille que j'ai là. Je suis allée dix fois la voir aux Folies-Dramatiques... Ce n'était jamais la même ! Un jour elle était brune, le lendemain elle était blonde ; lundi elle était petite, mercredi elle était grande ; quelquefois elle était bonne et quelquefois elle ne l'était pas... C'est drôle comme elle est changeante. Mais c'est égal, ce qu'elle m'a dit m'a décidée. Je veux être directrice ; et comme elle m'a prouvé que les étrangers faisaient la fortune des entreprises dramatiques, j'ai acheté un terrain tout près des fortifications. Mon théâtre sera le premier de Paris en entrant par Chaillot. J'ai lancé mes prospectus. Cinq cents francs par action, une misère... Il est vrai que personne n'est encore venu souscrire... excepté hier... Seulement ça n'était pas un souscripteur sérieux ! Il m'a emprunté cent sous et je ne l'ai plus revu... Mais le prospectus est lancé, et d'un moment à l'autre...

SCÈNE III

MADAME ANGOT, OSCAR DE VALPOIROT.

OSCAR, au fond.

Pardon, madame ; madame Angot, s'il vous plaît ?

MADAME ANGOT.

C'est moi, monsieur.

OSCAR.

Ah ! c'est vous... (La lorgnant.) Très-bien ! Quand je dis très-bien... ça m'est égal. Il faut vous dire, madame, que je viens d'avoir la douleur de perdre mon oncle.

MADAME ANGOT.

Ah ! monsieur, que m'apprenez-vous là ?... Croyez que je suis désolée...

OSCAR, l'interrompant.

Mon oncle, qui entravait les élans de ma folle jeunesse, avait amassé une immense fortune en engraissant des... des...

MADAME ANGOT.

Des poulets ?...

OSCAR.

Non, des animaux plus gros que ça.

MADAME ANGOT, vivement.

Compris !

OSCAR.

Alors je me suis dit : Cette fortune a une origine que je ne crains pas de qualifier de malpropre.

MADAME ANGOT.

Et vous venez pour que je vous la nettoie. Ce sera fait !... et vivement, je vous le promets !

OSCAR.

Je veux l'ennoblir par les beaux-arts !

MADAME ANGOT.

Ah ! vous êtes un partisan de l'art...

OSCAR, riant.

Pas comme le comprenait mon oncle !

MADAME ANGOT.

Je vous crois, monsieur ; mais enfin, où voulez-vous en venir ?

OSCAR.

Pour vous prouver, madame, que je suis capable de toutes les extravagances, je viens souscrire à votre nouvelle entreprise.

MADAME ANGOT, vivement.

Vous venez souscrire... donnez-vous la peine de vous asseoir.

OSCAR.

Par exemple, je ferai quelques conditions.

MADAME ANGOT, reculant pudiquement.

Je crains de vous comprendre !

OSCAR.

Non, c'est pas ça. Primo, je veux avoir une clef de communication.

MADAME ANGOT.

Comment l'entendez-vous ?...

OSCAR.

Pour aller de la salle dans la coulisse.

MADAME ANGOT.

Je le veux bien... mais pas quand les actrices s'habilleront !...

OSCAR.

Quand elles se déshabilleront, si vous voulez.

MADAME ANGOT.

Oui, c'est plus convenable.

OSCAR.

Ensuite, comme je ne vais jamais qu'à l'orchestre, j'exige que les dames y soient admises.

MADAME ANGOT.

A l'orchestre?

OSCAR.

Comme au Gymnase, où elles sont reçues depuis un mois.

6

MADAME ANGOT.

Comment, le Gymnase aussi !..

OSCAR.

Air : *Amis du vin, de la gloire et des belles.*

Il se transforme en paradis terrestre,
Et ce théâtre, un des plus enchanteurs,
En admettant les femmes à l'orchestre,
Fait de l'orchestre un parterre de fleurs.
Vous me direz qu'on y manque de place;
Oui c'est vrai, mais les dames, au surplus,
N'empêchent pas qu'on regagne sa place,
Puisqu'en passant on peut s'asseoir dessus.

MADAME ANGOT.

Ah ça ! dites donc, vous...

OSCAR.

A charge de revanche, si c'est une dame qui passe.

MADAME ANGOT.

Brisons là : au théâtre de madame Angot, les dames seront
reçues partout.

OSCAR.

A merveille. Il ne me reste plus qu'à vous demander quel
genre vous comptez adopter.

MADAME ANGOT.

Ah ! voilà... Je ne suis pas fixée et j'ai donné rendez-vous
aujourd'hui à tout ce que l'année a produit de plus grands
succès.

OSCAR.

Comment donc cela ?

MADAME ANGOT.

Une députation des théâtres doit venir me présenter un
spécimen des pièces les plus en vogue, dans tous les genres,
afin que je choisisse.

OSCAR.

Voyez-vous, pour avoir de grands succès, il ne faut qu'une
chose. (Chantonnent.)

Des femmes, des femmes
Il n'y a qu'ça !

MADAME ANGOT.

Eh bien, nous en aurons. Mais on doit attendre. (Elle sonne. — Un domestique paraît.) Y a-t-il quelqu'un d'arrivé, déjà ?

LE DOMESTIQUE.

Oui, madame, les trois Agnès de *l'Ecole des femmes*. Elles arrivent des Français, de l'Odéon et du Gymnase.

OSCAR.

Trois femmes ! Faites entrer.

MADAME ANGOT.

Et nous, prenons place... (Ils vont s'asseoir au deux extrémités du théâtre.)

SCÈNE IV

Les Mêmes, LES TROIS AGNÈS.

OSCAR.

Ah! elles sont très-gentilles. (A madame Angot.) J'aurai ma clef de communication ?

MADAME ANGOT.

Oui, oui. (Aux Agnès.) Vous êtes mesdemoiselles ?...

PREMIÈRE AGNÈS.

Agnès.

DEUXIÈME AGNÈS.

Agnès.

TROISIÈME AGNÈS.

Agnès.

MADAME ANGOT.

Et vous venez ?...

PREMIÈRE AGNÈS.

Des Français...

DEUXIÈME AGNÈS.

De l'Odéon.

TROISIÈME AGNÈS.

Du Gymnase.

MADAME ANGOT.

Qu'avez-vous à nous dire?...

PREMIÈRE AGNÈS.

La grande scène du deuxième acte.

DEUXIÈME AGNÈS.

Moi aussi.

TROISIÈME AGNÈS.

Moi aussi.

OSCAR.

La même scène! Eh bien! dites-la ensemble.

TOUTES TROIS.

Volontiers.

MADAME ANGOT.

Nous écoutons.

LES TROIS AGNÈS.

Nous y voici.

MADAME ANGOT, emphatiquement.

Vous pouvez maintenant nous conter votre histoire! (Les trois Agnès, parlant sur le même ton, de la même manière, s'arrêtant aux mêmes endroits et faisant les mêmes gestes.)

Elle est forte étonnante et difficile à croire.
J'étais sur le balcon, à travailler au frais,
Lorsque je vis passer sous les arbres d'auprès
Un jeune homme bien fait qui, rencontrant ma vue,
D'une humble révérence aussitôt me salue.
Moi, pour ne pas manquer à la civilité,
Je fis la révérence aussi de mon côté.
Aussitôt il me fait une autre révérence;
Moi j'en refais de même une autre en diligence,

Et lui d'une troisième aussitôt repartant
D'une troisième aussi je repars à l'instant.
Il passe, vient, repasse, et toujours de plus belle
Me fait à chaque fois révérence nouvelle.
Et moi qui tous ces tours fixement regardais
Nouvelle révérence aussi je lui rendais,
Tant que, si sur ce point la nuit ne fût venue,
Toujours comme cela je me serais tenue,
Ne voulant pas céder, ni recevoir l'ennui
Qu'il me pût estimer moins civile que lui.

(Après le morceau elles saluent Oscar et madame Angot.)

Madame ! Monsieur...

OSCAR.

Ah ! parfait ! parfait !.. (Les trois Agnès saluent et sortent.)

SCÈNE V

MADAME ANGOT, OSCAR, puis LE DOMESTIQUE et LE
CHEF DE DIVISION.

MADAME ANGOT.

Oui, c'est très-bien ; mais c'était déjà vieux de mon temps.
Et puis, pourquoi ont-elles toutes les mêmes intentions, la
même voix, les mêmes gestes ?...

OSCAR.

C'est peut-être qu'elles sont toutes de la même école.

LE DOMESTIQUE, entrant.

Madame, il y a là un chef de division qui se dit envoyé
par le Palais-Royal.

MADAME ANGOT.

Qu'il entre ! (Entre le chef de division. — Scène d'imitation de
Geoffroy, Gil-Perez et Lassouche.)

6.

SCÈNE VI

OSCAR, MADAME ANGOT, puis LE DOMESTIQUE et LA VEUVE DU MALABAR.

OSCAR.

Qu'en dites-vous ?

MADAME ANGOT.

Je n'y ai rien compris du tout.

OSCAR.

Ni moi non plus.

LE DOMESTIQUE, annonçant.

La veuve du Malabar.

MADAME ANGOT.

Ah ! ça doit être joli, ça... Qu'elle entre. (La veuve du Malabar entre et tombe par terre.)

OSCAR.

Ciel !

MADAME ANGOT.

Quelle chute ! (Elle la relève.)

OSCAR.

Ah ! pauvre dame !

MADAME ANGOT.

Vous êtes-vous fait mal ?

LA VEUVE.

Un peu...

MADAME ANGOT.

Où ça ? (La veuve sort en se frottant.)

MADAME ANGOT.

Bien ! Je sais où est le siége du mal...

SCÈNE VII

OSCAR, MADAME ANGOT, LE DOMESTIQUE, puis
HUIT GARÇONS TAPISSIERS.

LE DOMESTIQUE, annonçant.

L'*Oncle Sam*, ou *les Mœurs américaines*.

OSCAR.

Le grand succès du Vaudeville ! (Huit garçons tapissiers entrent
et apportent quatre canapés.)

MADAME ANGOT, comptant les canapés.

Un canapé.

OSCAR, de même.

Deux canapés.

MADAME ANGOT.

Trois canapés.

OSCAR.

Quatre canapés.

MADAME ANGOT, à part.

Est-ce qu'on va jouer *le Sopha*? (Les garçons tapissiers sortent.)

SCÈNE VII

MADAME ANGOT, OSCAR, BETZY, MAURICE,
TROIS COUPLES.

(Les trois couples, en se tenant enlacés.)

AIR : *Avez-vous des bijoux, des cachemires.*

LES HOMMES.

Aimez-nous !

LES FEMMES.

Avez-vous
De la fortune ?

LES HOMMES.

Aimez-nous.

LES FEMMES.

Avez-vous
De beaux bijoux ?

TOUS.

Ah ! ah ! ah ! ah !
Chacun aura
Une chacune,
Ah ! ah ! ah ! ah !
Quand il fera
C'qu'il faut pour ça.

BETZY.

Mes chères amies, je vous ai invitées pour prendre du thé et des sandwichs ; chacune a amené son chacun, que la causerie commence ! (Tous vont s'assoir sur les canapés. — Poses diverses et américaines.)

MAURICE, à Betzy.

Votre Amérique est un pays adorable. Ainsi, M. Sam, votre père, vous autorise...

BETZY.

A faire tout ce que je veux ! La vie, c'est la lutte de la femme contre l'homme. (Montrant toutes les dames, que les invités courtisent.) Vous voyez, elles luttent, et c'est ce que nous nommons la flirtation !

MAURICE.

La flirtation ! Veuillez m'expliquer ce mot...

BETZY.

Chez nous, l'amour est une affaire....

MAURICE.

Oui, une affaire de cœur.

BETZY.

Affaire commerciale. (Tirant un petit carnet.) Tenez, voici mon grand-livre.

MAURICE.

Ce carnet ! Peut-on s'inscrire ?

BETZY.

Écrivez ceci : C'est pour le bon motif que je fais la cour à mademoiselle Betzy.

MAURICE.

Très-volontiers. (A part.) Ça n'engage à rien.... (Après avoir écrit, rendant le carnet.) Et maintenant, puis-je vous dire...

BETZY, très-tendrement.

Tout ce que vous voudrez !

MAURICE.

Que vous êtes belle ! que je vous aime !..

BETZY.

Vous m'avez été présenté... Ne vous gênez pas.

MAURICE.

Ainsi, vous me permettrez de vous donner le bras à la promenade ?

BETZY.

Parfaitement !

MAURICE.

De vous parler de ma passion ?...

BETZY.

Tant que vous voudrez !

MAURICE.

Et cela, loin des regards de la foule, même si notre promenade nous égare, même si elle nous conduit à l'ombre de peupliers solitaires ou de grottes silencieuses ?

BETZY.

Comment donc ! Mais vous pouvez même m'inviter à souper, m'offrir du champagne et me chanter les couplets de madame Judic dans *la Quenouille de verre!* Où est le mal ?

MAURICE.

Il n'y en a pas, au contraire.... (A part.) Elle est innocente comme un ananas ! Elle a la pureté de la noix de coco ! (Avec explosion.) Betzy, je vous adore !

BETZY.

Très-bien ! allez-y ! (Ils se lèvent.)

DUO.

AIR : *nouveau de* M. Edouard Clairville.

MAURICE.

Je brûle, hélas ! d'une flamme insensée
Et je vous aime à l'adoration !

BETZY.

Votre fortune est-elle bien placée ?
Est-elle en rente ou obligations ?

MAURICE.

En actions de la Banque de France...
Mes sentiments pour vous sont excessifs.

BETZY.

Vos titres sont....

MAURICE.
Au porteur.

BETZY.

Imprudence !
Faites plutôt qu'ils soient nominatifs....

MAURICE.

Eh bien ! c'est dit.... Mais laissez-moi, de **grâce**,
Un seul instant, parler de nos amours.

BETZY.

Parlez, parlez.... je sais que sur la place,
Ici, partout vos actions ont cours.

MAURICE.

Seul avec vous dans une humble chaumière,
Au fond d'un bois, que je serais heureux !

BETZY.

Possédez-vous aussi des biens en terre ?
Possédez-vous des immeubles nombreux ?

MAURICE.

Non... mais j'hérite, et de forêts immenses,
Et de châteaux qu'on dit fort admirés.

BETZY.

Si vous avez de belles espérances,
Avec plaisir je vous dis : Espérez.

MAURICE.

Ah ! tant de joie!... un baiser, je l'implore.

BETZY.

En tout, combien ?...

MAURICE

Un million comptant!

BETZY, vivement.

Un million.... Ami, je vous adore,
Et vous pouvez m'épouser fin courant !

(S'adressant tous deux au public)

Voilà, messieurs : ce tableau vous indique
Combien l'argent est aimé n'importe où,
Comment on fait l'amour en Amérique,
Si l'on en croit Victorien Sardou.

(Les autres couples se lèvent. — Tous saluent le public et sortent en
emportant leur canapé.)

BETZY, à Maurice.

Et notre canapé ?...

MAURICE.

Ah ! c'est vrai ! (Ils prennent leur canapé et sortent.)

SCÈNE IX

MADAME ANGOT, OSCAR, BARNUM.

BARNUM, entrant avec une grosse caisse sur laquelle il frappe trois fois.

Théâtre du Vaudeville. Les cinquante premières représentations de *Rabagas* ont produit 223,526 francs ! Les cinquante premières de l'*Oncle Sam* ont fait 410,336 fr. 25 c. Qu'on se le dise ! (Il sort après avoir de nouveau frappé trois coups sur sa grosse caisse.)

SCÈNE X

MADAME ANGOT, OSCAR.

MADAME ANGOT.

Les recettes de l'*Oncle Sam*... Qu'est-ce que ça me... ça me fait !

OSCAR.

C'est un nouveau truc des théâtres ! Quand ils font de l'argent, ils font mettre leurs recettes dans les journaux.

MADAME ANGOT.

Pour qu'on se le dise... Et quand ils n'en font pas ?

OSCAR.

La même chose, pour faire croire qu'ils en font !

MADAME ANGOT.

C'est fort ingénieux... (On entend un grand bruit dans la coulisse.) Ah ! sapristi !... qu'est-ce que c'est que ça ?

SCÈNE XI

LES MÊMES, LE DOMESTIQUE, puis LAMBROS et LES SOULIOTTES.

LE DOMESTIQUE, entrant vivement.

Madame ! madame... ce sont les Souliottes de la Porte-

Saint-Martin qui combattent les Albanais et qui entrent ici en brisant tout...

MADAME ANGOT.

Qu'ils n'entrent pas !... (Ici la porte vole en éclats et sept Grecs du drame des Libres entrent en tumulte.)

TOUS, entrant.

Libres ! libres ! libres !

LAMBROS, entrant. Sensation de Dumaine.

Encore un pas, mes frères ! Une fois sortis de ces défilés, nous écrasons les Albanais, et nous sommes libres...

TOUS.

Libres ! libres !

LAMBROS.

Il ne faut pas perdre une minute, un instant, une seconde; le terrible sultan Ali de Tebelen dort tranquille dans son palais de Janina, certain de notre défaite ! Il faut qu'à son réveil nous soyons libres !

TOUS.

Libres ! libres !

LAMBROS.

Suivez Lambros ! (S'arrêtant.) Mais que vois-je !... Un des nôtres blessé, mourant !

SCÈNE XII

LES MÊMES, LE POLÉMARQUE.

LE POLÉMARQUE, d'une voix affaiblie.

Ici près, les Albanais... Ne perdez pas une minute, un instant, une seconde, et vous êtes libres ! (Il tombe mort.)

TOUS.

Libres ! libres !...

LAMBROS, au Polémarque.

Oui, nous te vengerons ! Ne perdons pas une minute, un

instant, une seconde. (S'avançant vers le public.) Le *Laurier Rose et l'Hirondelle,* fable... en vers libres !

TOUS.

Libres ! libres !...

LAMBROS, déclamant.

Le Klephte est tombé sous les balles,
Au bruit des clairons, des cymbales,
Chantons et vengeons son trépas !

(Ici un coup de feu part de la coulisse. Un des Grecs tombe.)

LAMBROS.

Ici plantons un laurier-rose,
Voilà le pourquoi de la chose.
Si vous ne le devinez pas.

(On entend encore un coup de feu, et un deuxième Grec tombe.)

LAMBROS. Imitation de Laurent.

L'hirondelle n'est pas esclave,
Et toujours libre avec ce brave,
L'hirondelle jacassera !

(A la fin de chaque vers, on a entendu un coup de feu et chaque fois un Grec a été frappé. A la fin de la strophe, tous les Grecs sont tombés morts.)

MADAME ANGOT.

Sept ! le compte y est. Que de cadavres !..

LAMBROS.

Qu'est-ce que je vais faire de tout ça ?

SCÈNE XIII

LES MÊMES, UN COCHER.

(Un cocher paraît au fond du théâtre, un fouet à la main.)

LAMBROS, l'apercevant.

Ah ! sauvé !... Cocher ! êtes-vous libre ?

LE COCHER.

Libre ! libre ! (Il fait claquer son fouet et tous les Grecs se relèvent
en criant.

TOUS.

Libres ! Libres ! (Ils sortent avec Lambros et le cocher.)

SCÈNE XIV

MADAME ANGOT, OSCAR, BARNUM.

BARNUM, avec sa grosse caisse et frappant trois fois.

Théâtre de la Gaîté. Les soixante premières représentations
du *Gascon* ont fait 336,229 francs. Les soixantes premières
de *Jeanne d'Arc* ont fait 541,325 francs 75 centimes... Qu'on
se le dise ! (Il refrappe trois fois et sort.)

SCÈNE XV

MADAME ANGOT, OSCAR, puis LE DOMESTIQUE et LE BEAU-FRÈRE.

MADAME ANGOT.

Eh bien ! je suis bien aise de savoir que *Jeanne d'Arc* à
enfoncé *le Gascon !*

OSCAR.

Pourquoi ça ?

MADAME ANGOT.

Tout simplement parce qu'il y a plus de Gascons que de
Jeanne d'Arc !..

LE DOMESTIQUE, annonçant.

Le beau-frère du Gymnase. (Le beau-frère entre, fait un faux pas
et tombe par terre.)

MADAME ANGOT, le relevant.

Ah ! mon Dieu ! Vous êtes-vous fait mal ?

LE BEAU-FRÈRE.

Non, au contraire (Il sort en boitant.)

MADAME ANGOT.

Ah ! les planches du Gymnase sont bien glissantes.

OSCAR.

Glissantes, les planches du Gymnase ?... Mais au contraire, nulle part le succès n'est plus solide. On dit qu'en ce moment...

LE DOMESTIQUE, annonçant.

Monsieur Alphonse !

OSCAR.

Ah ! c'est lui...

MADAME ANGOT.

Qui, lui ?..

OSCAR.

Le grand succès du Gymnase !

SCÈNE XVI

LES MÊMES, M. ALPHONSE, puis MADAME GUICHARD, puis RAYMONDE, puis MONTAIGLIN.

(On voit entrer un monsieur les mains dans ses poches et tournant le dos au public ; il traverse le théâtre en se dandinant et sans montrer sa figure.)

MADAME ANGOT.

Quel est ce monsieur ?..

OSCAR.

M. Octave.

MADAME ANGOT.

Mon domestique avait annoncé M. Alphonse !...

OSCAR.

M. Alphonse sur l'affiche, M. Octave dans la pièce.

MADAME ANGOT.

Pourquoi ça?

OSCAR.

On n'a jamais pu savoir!

MADAME ANGOT, le regardant sortir.

Eh bien! il s'en va?

OSCAR.

Oh! oui.

MADAME ANGOT.

Mais je n'ai pas vu sa figure!

OSCAR.

Il ne tient pas à ce qu'on la voie!

MADAME ANGOT.

Est-ce qu'il ne se montre pas au Gymnase?

OSCAR.

Oh! si, au Gymnase; mais, ici, il n'oserait pas.

MADAME GUICHARD, entrant, et s'arrêtant au milieu du théâtre.

Garçon, un verre de bière, une chope!

MADAME ANGOT et OSCAR.

Ah! ah! ah! ah!...

OSCAR.

Que c'est drôle!..

MADAME ANGOT.

Ah! c'est d'un cocasse... ça me rappelle le *Bon-Bock.*
(Pendant ce temps, un domestique a apporté un grand verre qu'il a rempli.
Madame Guichard le vide et sort.)

MADAME ANGOT.

Je comprends le succès de cette pièce-là... Au moins, on
boit quelque chose!

RAYMONDE, entrant.

Me séparer de mon enfant! La remettre à cet homme
cet homme qui est son père sans que l'on sache comment!..
car enfin, j'étais une honnête fille avant d'être mère; j'ai pro-
fité de la rencontre de cet homme pour donner le jour à un
enfant qui n'est pas un enfant, à une jeune fille qui n'a
qu'onze ans et qui raisonne comme une femme de dix-neuf!
un phénomène d'intelligence. Et de la rencontre d'autrefois,
je n'ai rien dit à mon mari; car voilà ma position, elle n'est
pas neuve, mais elle est délicate : j'ai introduit, comme une
étrangère, ma propre fille dans le domicile conjugal, et de ce
domicile, on la veut arracher... Ciel! mon mari!...

MONTAIGLIN, entrant avec de grandes ailes dans le dos.

Bonjour, Raymonde... Bonjour, Mommonde... Tu vas bien?

RAYMONDE.

Pas mal, et toi?

MONTAIGLIN.

Mais qu'as-tu? Tu as les yeux rouges!

RAYMONDE.

Vraiment, tu crois?... Oui, c'est bien possible... Tu ne sais
pas, il m'était venu une idée.

MONTAIGLIN.

Parle!

RAYMONDE.

Sachant que j'allais rester seule, que tu allais me quitter
pour la pêche à la morue, il m'était venu la pensée, je ne
sais pourquoi, car cette petite, je ne m'y intéresse pas du
tout.

MONTAIGLIN.

Quelle petite?

RAYMONDE.

Adrienne, la petite Adrienne...

MONTAIGLIN.

Ah! oui... Connais pas.

RAYMONDE.

Cette enfant a une mère. Il y a des mères qui ont des enfants et ne savent qu'en faire. Je m'étais dit, moi : Puisque mon mari part, pourquoi ne le remplacerai-je pas par une petite fille ?... Car cette enfant, qui ne m'est rien, je l'adore ! Elle n'a qu'onze ans, et si tu savais comme elle est roublarde ! Comprends-tu qu'on veuille me l'enlever ?... Voyons, est-ce possible ? est-ce que cela se peut ? Mais elle est à moi, on ne sépare pas une mère de sa...

MONTAIGLIN.

Ah !

RAYMONDE.

Oh !

MONTAIGLIN.

C'est ta f...

RAYMONDE.

C'est ma f... (Elle tombe à genoux.) Tue-moi !

MONTAIGLIN, avec douceur.

Te tuer... Oh ! c'était bon dans le temps !... du temps de l'homme-femme ! Aujourd'hui, pourquoi te tuerais-je ? Parce que tu agis franchement avec moi ? Et à qui dirais-tu : Je suis mère, si ce n'est à ton mari ?... Qui donc te doit aide et protection ?... Ah ! viens, pauvre roseau battu par la tempête, appuie-toi sur le chêne qui résiste aux orages ! Tu as mal agi, tu m'as trompé, tu as failli... tu n'es qu'une rien du tout ! Dans mes bras ! (Raymonde s'y précipite.)

RAYMONDE, apercevant ses ailes et se reculant.

Ah ! c'est un ange ! c'est un ange !

MADAME ANGOT.

Oh ! je pleure... je pleure...

OSCAR.

Et moi aussi.

MONTAIGLIN.

A propos... pendant que nous y sommes, tu n'en aurais pas un second à me déclarer ? Ne te gêne pas... Tu sais, j'adore les enfants... ceux des autres surtout.

RAYMONDE.

Non, mon ami ; mais tu vas rester longtemps absent, et peut-être qu'à ton retour...

MONTAIGLIN.

Bien ! Si c'est un fils, tu l'appelleras Epaminondas ! Car, ne l'oublions pas, un mari est un père donné par la mairie.

RAYMONDE, en sortant.

Ah ! tu es un ange ! (Elle lui caresse les ailes.)

MADAME ANGOT.

Ah ! c'est fort beau...

OSCAR.

C'est magnifique !

MADAME ANGOT.

Silence ! revoilà l'autre. (On voit M. Alphonse rentrer de dos par la gauche. Un instant après, madame Guichard reparaît par la droite, tenant un grand verre de bière. Ils s'approchent sans se voir, l'une en contemplant son verre, l'autre en se dandinant, et quand madame Guichard porte le verre à ses lèvres, M. Alphonse arrive près d'elle, le prend, boit, le lui rend vide et sort comme il est entré.)

MADAME GUICHARD, qui est restée stupéfaite, le voyant sortir.

Et dire que j'allais épouser ce Pierrot-là ! (Elle sort.)

SCÈNE XVII

MADAME ANGOT, OSCAR, puis LE DOMESTIQUE et ROBERT PRADEL.

OSCAR.

Oh ! comme c'est Gymnase !

MADAME ANGOT, tordant son mouchoir qui est tout mouillé.

C'est égal, c'est bête de pleurer comme ça.

LE DOMESTIQUE, annonçant.

Robert Pradel ! (Robert Pradel entre et tombe par terre. Madame Angot le relève. Il se redresse et retombe de l'autre côté.)

MADAME ANGOT.

En voilà un qui ne se relèvera pas ! (A Robert.) Vous êtes-vous fait mal ?

ROBERT.

Non ! au contraire. (Il sort en boitant.)

SCÈNE XVIII

MADAME ANGOT, OSCAR, puis LE DOMESTIQUE.

MADAME ANGOT.

Oh ! sapristi !

OSCAR.

Quoi donc ?

MADAME ANGOT.

Une chose à laquelle nous n'avons pas pensé.

OSCAR.

Laquelle ?

MADAME ANGOT.

Un orchestre... je n'ai pas d'orchestre !

LE DOMESTIQUE, annonçant.

Monsieur Dupuis... des *Merveilleuses*... merveilleux dans *les Merveilleuses*.

MADAME ANGOT.

Ah ! oui, je sais... Justement c'est une comédie... Eh bien, recevez-le ! Moi, j'ai une idée... Attendez-moi, je vais revenir. (Elle sort vivement.)

7.

SCÈNE XIX

OSCAR, puis LAGORILLE.

OSCAR.

Les Merveilleuses... ah ! je me fais un plaisir. (Lagorille entre.) Comment! les Merveilleuses c'est monsieur!... Pardon, mais je ne comprends pas très-bien... Qui êtes-vous, monsieur ?

LAGORILLE, imitation de Dupuis.

Qui je suis ? Peu importe... je change quatre fois de costume.

OSCAR.

Quatre fois!... Et vous êtes ?

LAGORILLE.

Toujours de mieux en mieux vêtu.

OSCAR.

Mais...

LAGORILLE.

J'ai deux montres.

OSCAR.

Pourquoi deux montres?

LAGORILLE.

A celle-ci, 6 heures 35 ; à celle-la, 7 heures 42... Moyenne: minuit un quart.

OSCAR.

C'est adorable!

LAGORILLE.

Ce n'est rien encore ; les étoffes, les meubles, les tapis, les garnitures de cheminées, jusqu'au plus insignifiants détails tout a été copié sur les modèles de l'époque, rien n'a été épargné, l'or, le velours, les relâches et la soie !

OSCAR.

Et la pièce dans tout cela?

LAGORILLE.

Comment, la pièce! Eh bien, la pièce, c'est ça.

OSCAR.

C'est ça ?

LAGORILLE.

Est-ce que vous croyez que l'auteur se serait donné la peine de faire tant de recherches s'il avait eu une pièce à nous donner?

AIR : *Du joueur de flûte.*

Ma pièce, c'est le Directoire,
Le Directoire sous Barras;
Elle nous raconte une histoire
Dont l'histoire ne parle pas.
Sur un café le rideau lève,
C'est au palais Égalité,
On y voit, comme dans un rêve,
Une étrange société.
A peine quelques épisodes
Viennent broder sur tout cela;
Ce qu'on veut, c'est montrer les modes,
Que l'on portait dans ce temps-là:
Habits, vestes, bas et culottes,
    Chapeaux, bottes.
    Et cætera.

Voilà, voilà, les Merveilleuses,
Les Merveilleuses les voilà;
Elles sont des plus curieuses,
Gracieuses, voluptueuses
    Et tout est là,
    Oui, rien que là,
    Toute la pièce est là.

OSCAR.

Comment... comment les Merveilleuses les voilà ?... Et madame Récamier, madame Tallien, madame de Staël, est-ce qu'on ne les voit pas ?

LAGORILLE.

Non, monsieur; mais en fait de merveilleuses connues, nous montrons Illyrine, Pervenche et Lodoïska...

OSCAR.

Lodoïska, un nom bien distingué... Ne pourrais-je lui être présenté ?

LAGORILLE.

Parfaitement, je vais appeller Lodoïska. (Allant à la porte.) Venez, Lodoïska !

SCÈNE XX

Les Mêmes, LODOISKA.

LODOÏSKA, entrant avec timidité.

Non, non, je n'ose pas.

OSCAR.

Mais pourquoi donc ? Entrez, entrez donc, belle dame.

LADOISKA.

Pardon, monsieur, pardon de me présenter devant vous sous ce costume, mais c'est l'auteur qui a voulu que je la retirasse...

OSCAR.

Que vous retirassiez... quoi donc ?

LODOISKA.

Il prétend que sous le Directoire les femmes n'en portaient pas.

OSCAR.

Ne portaient pas de quoi ?

LODOISKA.

Oh ! je n'ose pas... pourtant le mot se dit aux Variétés.

OSCAR.

Eh bien ! s'il se dit aux Variétés...

LODOISKA.

Oh ! c'est égal, monsieur, je n'oserai jamais, devant vous... mais peut-être me comprendrez-vous quand je vous dirai que je n'ai sur moi que ma robe.

OSCAR.

Rien que votre robe?

LODOISKA.

Pas autre chose... l'auteur nous a fait retirer tout le reste, sous le prétexte de vérité historique.

OSCAR.

Il a eu raison !

LODOISKA.

Mais pourtant, s'il venait un jour à vouloir faire représenter la vérité elle-même, on ne pourrait pourtant pas la montrer en costume historique ?...

LAGORILLE.

Notre auteur ferait des recherches, et il trouverait à la vérité un costume du temps.

LODOISKA.

Du temps de la vérité ?... Moi je refuserais le rôle !

OSCAR.

Enfin, qu'est-ce que c'est que Lodoïska?

LODOISKA.

C'est une femme qui change de robe à chaque tableau.

OSCAR.

De robe seulement ?

LODOISKA.

Oui, monsieur... Les changements sont tout de suite faits!

OSCAR.

Mais dites-moi donc ce que c'est que vos merveilleuses ?

LODOISKA.

AIR : *Nouveau de* M. DIACHE.

Nos merveilleuses sont des merveilles
Sans pareilles.

TOUS.

Sans pareilles !

LODOISKA.

Elles ont des variétés
Qu'on ne voit qu'aux Variétés !

REPRISE EN CHŒUR.

I

L'auteur malin à son beau répertoire
Vient d'ajouter les mœurs du Directoire,
Et le passé qu'il montre avec amour
A fait pâlir les cocottes du jour.

REPRISE EN CHŒUR.

Les merveilleuses sont des merveilles,
Etc.

II

Du Directoire on parlera sans cesse,
Comme le dit notre auteur dans sa pièce,

On y montrait en pleine liberté
Les réservoirs de la maternité.

Les merveilleuses sont des merveilles,
Etc.

III

Enfin la femme, après le Directoire,
Ne pourra plus étonner dans l'histoire.
On peut encore l'imiter au besoin,
Mais on ne peut, je crois, aller plus loin.

Les merveilleuses sont des merveilles,
Etc.

(A ce moment on entend dans la coulisse un grand bruit d'instruments de cuivre.)

OSCAR, lourdement.

Qu'est-ce que c'est que ça ?

LODOISKA, allant regarder à la porte.

Oh ! tout un orchestre de femmes !

OSCAR.

Des femmes ! Je demande à jouer avec elles !

LAGORILLE A LODOISKA.

Allons-nous-en! De la musique.... notre auteur n'aime pas ça....

LODOISKA.

Je crois bien, il faut partager les droits ! (Elle sort suivie de Lagorille.

QUATORZIÈME TABLEAU

L'orchestre des dames.

Au troisième plan du théâtre, l'on voit monter un grand rideau avec une pancarte portant ces mots : *Orchestre des Dames.*

SCÈNE PREMIÈRE.

OSCAR, Seize Musiciennes, en costume viennois.

TOUTES.

Air :

> Vite en avant
> Le nouveau régiment,
> Nous allons, très·sérieusement,
> Et très-conciencieusement,
> Vous jouer toutes d'un instrument.

PREMIÈRE MUSICIENNE.

> Non-seulement il faut,
> En faisant assaut,
> Prouver ce que nous sommes.
> Il faut prouver encor
> Que toujours d'accord,
> Nous enfonçons les hommes.

DEUXIÈME MUSICIENNE.

> Oui, notre orchestre est brillamment conduit,
> Il devra retentir jour et nuit,
> Et déjà tout le monde le dit,
> Nous allons faire beaucoup de bruit.

TROISIÈME MUSICIENNE.

> Oui, lorsqu'embroullant tout,
> Les hommes partout
> Sèment la zizanie.
> La femme, on le verra,

Seule un jour pourra
Rétablir l'harmonie.

REPRISE DE:

Vite en avant, etc.

SCÈNE II

Les Mêmes, MADAME ANGOT.

MADAME ANGOT, entrant également costumée en Viennoise.

Eh pien! eh pien! fus marchez sans moi, fotre maïdresse d'orchestre!

TOUTES, riant.

Ah! ah! ah! ah!

MADAME ANGOT.

Il n'y affre bas de ah! ah! vous ne tevez bartir qu'à ma signal.... entendez-fus?

OSCAR, à madame Angot.

Oh! mais je vous reconnais, vous.

MADAME ANGOT, bas.

Silence... ne me trahissez pas... Je veux faire croire que je suis Viennoise. (Haut.) Y'a meinher... nous affre fait merfeille à l'Exposition!.. Ce être la bremière fois que des femmes il affre joué de quelque chose... Nous arrifons de Fienne!

OSCAR.

De Vienne, où déjà les femmes sont maçons.

PREMIÈRE MUSICIENNE.

De Vienne où les femmes sont tout.

DEUXIÈME MUSICIENNE.

Ce qui n'empêche pas les hommes d'être beaucoup de chose aussi!

OSCAR, à la quatrième musicienne qui porte une grosse caisse.

Et vous aimez beaucoup cette profession-là?

QUATRIÈME MUSICIENNE.

Oh! monsieur, j'en raffole! Vous ne vous doutez pas de ce qu'on a de bonheur à taper là-dessus. (Elle frappe sur sa grosse caisse.)

TROISIÈME MUSICIENNE.

Et à souffler là-dedans... Toute petite, je faisais déjà des variations sur mon instrument!

OSCAR, à la première musicienne.

Mais un instrument si lourd?

PREMIÈRE MUSICIENNE.

Ah! monsieur, je ne peux pas m'en passer.... je couche avec.

CINQUIÈME MUSICIENNE, à la sixième musicienne.

Je vous dis que non!

SIXIÈME MUSICIENNE.

Je vous dis que si!

SEPTIÈME MUSICIENNE.

Lisbeth a raison...

HUITIÈME MUSICIENNE.

Non! elle a tort!

MADAME ANGOT.

Silence!... mademoiselle Lisbeth.... bas de tispute!

SIXIÈME MUSICIENNE.

C'est mademoiselle Lisbeth qui prétend que j'ai fait une fugue au dernier concert.

CINQUIÈME MUSICIENNE.

Oui! et même que c'était en regardant le petit baron de Tournecourt.

SEPTIÈME MUSICIENNE.

Ça n'est pas vrai ! Elle regardait Arthur de Montaubois, mon amoureux.

HUITIÈME MUSICIENNE.

Ah! son amoureux! On ne peut pas regarder un homme sans que ce soit son amoureux. (Elles parlent toutes à la fois.)

MADAME ANGOT.

Silence! tarteiffe !...

OSCAR, riant.

Diable! l'accord n'est pas parfait.

MADAME ANGOT.

Nous allons le rétablir... En place, mesdames !

OSCAR.

Mais je ne vois que des instruments à vent !

MADAME ANGOT.

Ya, j'affre subrimé les fiolons et les gondre-basses, je n'affre conservé que l'harmonie !

OSCAR.

Et êtes-vous harmonieuse ?

MADAME ANGOT.

Fous allez en juger.... Allons, mesdames, en blace... Et surtout ne bensez bas à Arthur.

OSCAR, riant.

Est-ce qu'elles pensent quelquefois à Arthur?...

MADAME ANGOT.

Ya... et ça leur fait faire des couacs... Attention !.... il y affre deux mesures à compter... une pour rien, l'autre pour moi... Une ! deuse ! troisse !... Bartez !... (Elles feignent de jouer ; on entend derrière l'orchestre les trompes de chasse qui jouent une symphonie.)

OSCAR.

Ah! c'est joli !... c'est parfait... délicieux !... (A la fin du morceau le rideau disparaît et l'on aperçoit les vrais musiciens.)

MADAME ANGOT.

Eh pien, eh pien, que faites-vous donc?... C'est trop tôt! c'est trop tôt !

OSCAR, riant.

Ah! j'ai vu le tour !

MADAME ANGOT.

Le truc est débiné!

OSCAR.

Bah! j'aime beaucoup ça... Continuez, messieurs, continuez!

(Les musiciens jouent le morceau des Cloches.)

MADAME ANGOT.

Et maintenant, au divertissement final, et à l'apothéose !

QUINZIÈME TABLEAU

Le pays de la fantaisie.

(Le théâtre change et représente la pays de la fantaisie. — Décors féeriques. — Feux de bengale. — Tous les personnages de la REVUE apparaissent et dansent le quadrille de la *Fille de Madame Angot*, conduits par Madame Angot et Oscar.

FIN DU TROISIÈME ET DERNIER ACTE.

Clichy. — Imp. de PAUL DUPONT, 12, rue du Bac-d'Asnières. (48,1-4.)

RÉPERTOIRE GÉNÉRAL

DU

THÉATRE-FRANÇAIS

CONTENANT LES ŒUVRES COMPLÈTES

DE

CORNEILLE, RACINE, MOLIÈRE, LAFONTAINE, CRÉBILLON, DUCIS, BEAUMARCHAIS, FONTENELLE, COLLIN D'HARLEVILLE, COLLÉ, ETC., ETC.

67 volumes in-12, brochés. . . . . 80 fr.

PROVERBES DE THÉODORE LECLERC.

SEULE ÉDITION COMPLÈTE.

7 volumes in-8º, reliés. 45

MÉMOIRES DE MADEMOISELLE FLORE,

ARTISTE DES VARIÉTÉS.

3 volumes in-8º. Brochés, 12 fr.; reliés. 16

RÉPERTOIRE DES MÉLODRAMES,

CONTENANT PRÈS DE 80 PIÈCES.

20 volumes in-32; reliés. 40

EXTRAIT

DU

CATALOGUE DE LA LIBRAIRIE TRESSE,

10 ET 11, GALERIE DE CHARTRES,

PALAIS-ROYAL.

———

CABINET SECRET

DU

MUSÉE ROYAL

DE NAPLES

Un beau volume in-4º grand raisin vélin, orné de 60 planches coloriées, représentant les peintures, les bronzes et statues érotiques qui existent dans ce cabinet. Au lieu de 100 francs, broché. . . . . **60 fr.**
LE MÊME, figures noires, broché. **40**
— figures coloriées sur chine, demi-reliure en veau. **80**
— figures noires sur chine, demi-reliure en veau. . **70**
— doubles figures noires et coloriées, cartonné. . . **90**
— avec les deux collections de gravures sur papier
   de Chine parfaitement coloriées, demi-reliure,
   dos en veau à nerfs. **120**

L'art ancien et l'art au moyen âge ne se piquaient pas d'une pudeur bien chaste; les plus admirables chefs-d'œuvre sont souvent accompagnés de détails obscènes qui en rendent impossible l'exposition aux yeux de tous. Le cabinet secret du roi de Naples est la seule galerie au monde où l'on se soit proposé de réunir tous les chefs-d'œuvre impudiques. Le livre qui les reproduit est l'indispensable complément de toutes les collections de musées, et doit trouver place dans un coin secret de la bibliothèque de l'artiste et de l'amateur.

———

EN VENTE A LA MÊME LIBRAIRIE :

PIÈCES SANS FEMMES

FACILES A JOUER EN SOCIÉTÉ

UN PERSONNAGE.

	fr.	c.
AH QUEL PLAISIR D'ÊTRE GARÇON ! vaudeville 1 acte....	1	»
ARLEQUIN TOUT SEUL, vaudeville 1 acte..............	2	»
CASSANDRE TOUT SEUL, vaudeville 1 acte............	2	»
CHÉRUBIN TOUT SEUL, vaudeville 1 acte.............	1	50
CRISPIN TOUT SEUL, vaudeville 1 acte..............	1	50
LES ÉCONOMIES DE BABOCHARD, vaudeville 1 acte.......	1	»
FIGARO EN PRISON, vaudeville 1 acte...............	1	»
GILLES TOUT SEUL, vaudeville 1 acte...............	2	»
ROBINSON DANS SON ILE, vaudeville 1 acte..........	3	»
SCAPIN TOUT SEUL, vaudeville 1 acte...............	2	»
LE TURC, vaudeville 1 acte	2	»

DEUX PERSONNAGES.

UN DUEL SANS TÉMOINS............................	1	»
UN DUO DE CAPONS...............................	1	»
UNE NUIT SUR LA SCÈNE..........................	1	»
ENTRE CIEL ET TERRE............................	1	»
PASSÉ MIDI	1	»
PASSÉ MINUIT.....	1	»

TROIS PERSONNAGES.

A LA BASTILLE.................................	1	»
DEUX VIEILLES GARDES..........................	1	»
UNE MORALE AU CABARET.....	1	»
ON DEMANDE DES DOMESTIQUES....................	1	»

Clichy. — Impr. Paul Dupont et Cⁱᵉ, rue du Bac d'Asnières, 12.

EN VENTE A LA MÊME LIBRAIRIE

LA FILLE DE MADAME ANGOT

Opéra-comique en trois actes, paroles de Clairville, Siraudin et Koning, musique de Ch. Lecocq, in-18.. 2 »

L'OUBLIÉE

Drame en quatre actes, par A. Touroude, in-18 ...... 2 »

JANE

Drame en trois actes, par A. Touroude, in-18......... 2 »

UN LACHE

Drame en cinq actes, par A. Touroude, in-18......... 2 »

VENEZ, JE M'ENNUIE!

Comédie en un acte, par Ch. Monselet, in-18......... 1 »

LE CLUB DES SÉPARÉES

Folie-vaudeville en un acte, par W. Busnach, in-18... 1 »

L'ÉDUCATION D'ERNESTINE

Comédie-vaudeville en un acte, par W. Busnach, in-18. 1 »

CLICHY. — Imp. PAUL DUPONT, rue du Bac-d'Asnières, 12. (48, 1-4.)

~~FO~~YERS
ET
COULISSES

HISTOIRE DE TOUS LES THÉATRES DE PARIS

Cet ouvrage comprendra environ
20 livraisons in-32 jésus ; chaque livraison sera ornée
des photographies des principaux artistes.

PREMIÈRE LIVRAISON
LES BOUFFES-PARISIENS
avec les photographies de
Mmes JUDIC ET PESCHARD

Franco . . . . **1 fr. 50**

DEUXIÈME LIVRAISON
LES FOLIES - DRAMATIQUES
avec les photographies de
Mlles PAOLA MARIÉ et DESCLAUZAS

Franco . . . . **1 fr. 50**

SOUS PRESSE
LES VARIÉTÉS

Clichy. — Imprimerie Paul Dupont, 12, rue du Bac-d'Asnières.

www.ingramcontent.com/pod-product-compliance
Lightning Source LLC
Chambersburg PA
CBHW071812090426
42737CB00012B/2058